Richard Landau

Geschichte der jüdischen Ärzte

Ein Beitrag zur Geschichte der Medizin

Richard Landau

Geschichte der jüdischen Ärzte
Ein Beitrag zur Geschichte der Medizin

ISBN/EAN: 9783743351257

Hergestellt in Europa, USA, Kanada, Australien, Japan

Cover: Foto ©ninafisch / pixelio.de

Manufactured and distributed by brebook publishing software
(www.brebook.com)

Richard Landau

Geschichte der jüdischen Ärzte

GESCHICHTE

DER

JÜDISCHEN ÄRZTE

EIN BEITRAG ZUR GESCHICHTE DER MEDICIN

VON

DR. RICHARD LANDAU

BERLIN 1895

VERLAG VON S. KARGER

CHARITÉSTR. 3.

Druck von E. Wertheim in Berlin NW. 7.

VORWORT.

Bei Göthe habe ich einmal gelesen:

„Wer kann was Dummes, wer was Kluges denken,
Das nicht die Vorwelt schon gedacht?"

Wie wenig wird dieses Wort in der Neuzeit beherzigt! Wie stolz
bläht sich mancher im Dünkel des eignen Geistes, den nur er zu
besitzen vermeint! Mit Verachtung blickt man auf das Alte und
hält es für veraltet, weil es alt ist, und es scheint vielleicht gar
manchen kleinlich und zeitverschwenderisch, in die Vergangenheit
hinabzutauchen, und dort nach der Wahrheit und Schönheit zu
suchen, die uns die Gegenwart mit ihren scharfen Gegensätzen
so oft, so unendlich oft vermissen lässt. Aber jede Wissenschaft
ist eine fortlaufende Kette; Ring reiht sich an Ring, und nimmer
kann eine Lücke offen bleiben, ohne das Ganze zu vernichten.
Was wir heute wissen, was wir heute können, ist nicht der Gegenwart Verdienst allein; mit tausend Wurzeln, mit tausend Fasern
haftet es fest in der Vorzeit. Um bei diesem Bilde zu bleiben,
kann man auch sagen, die Wissenschaft sei ein mächtiger Baum,
der himmelanstrebend aus der Niedrigkeit aufstieg. Von seinem
einfachen Stamme wuchsen Aeste und Zweige nach allen Richtungen,
und jeder Ast und jeder Zweig verteilte sich wieder tausend-
fältig: grüne Blätter und goldene Früchte sind daran gewachsen
— mancher Zweig verdorrte und fiel tot zu Boden, manche Frucht
verbarg unter goldener Hülle ein wurmstichiges Gehäuse und
wurde verächtlich zur Seite geschleudert. Aber der Stamm blieb
jung und frisch trotz seiner Last von tausenden von Jahren, trotz
des Werdens und Vergehens in seinem Wipfel! Das soll man
bedenken und soll aus der hohen Krone des weltbeschattenden
Baumes, den man Wissenschaft heisst, und in dem man sich so
stolz und erhaben fühlt, gelegentlich einmal hinabsteigen und
den Stamm, der uns trägt, betrachten und die Wurzeln, aus der
die Laubkrone ihre belebenden Säfte saugt, beschauen. Hätte
diese Betrachtung, die man Geschichtsforschung nennt, keinen
andern Wert und Zweck, e i n e n hat sie immer, und er genügt,

1*

um die aufgewandte Mühe zu belohnen, um die verbrauchte Zeit wohl benutzt zu haben! Dieses eine, was die Geschichtsforschung immer lehrt, ist Bescheidenheit — ohne Bescheidenheit aber kann kein wahres Wissen sein. Das sollen die Aerzte, wie andere, die nach der Wahrheit ringen, stets vor Augen haben, und sie werden alle, wenn sie nur einmal den Mut gefasst haben, die Geschichte ihrer Wissenschaft zu lesen und zu lernen, mit mir überzeugt werden, dass sie damit keine Zeit vergeudet, sondern nutzbringend, segensreich gearbeitet haben. Einem in und von der Praxis lebenden Arzte, wie dem Verfasser nachfolgender Blätter, kann es nun nicht beifallen, eine Geschichte der Medicin in ganzem Umfange schreiben zu wollen; er muss sich begnügen mit der geringeren Aufgabe, einen Teil, einen Ast vom gewaltigen Stamme, zu schildern und dadurch zu suchen die Lust zu erwecken, doch auch die anderen Aeste kennen zu lernen.

Niebuhr, der unsterbliche Schilderer der römischen Geschichte, sagt: „Die Geschichte studiere doppelt, nach den Personen und nach den Staaten!" Das giebt einen Fingerzeig dafür, welche Aeste sich dazu eignen, besonders geschildert zu werden — einmal die Personen, welche die handelnden Personen in den Begebenheiten sind, also in unserem Falle die Aerzte, zum anderen der Boden, auf dem sich die Handlungen entwickeln und abspielen, also die Wirkungsstätte der Aerzte. Beides aber steht zu einander in so vielfältigem Wechselverhältnisse, dass sich nicht immer eine scharfe Trennung vornehmen lässt; daher ist es geeigneter, wenn man einen Beitrag zur Geschichte der Medicin liefern will, keines von beiden ganz zu vernachlässigen, sondern eines von beiden zur Hauptsache, das andere zur Nebensache, oder richtiger gesagt zur Grundlage zu machen. Um also einen Teil vom grossen Ganzen zu beschreiben, werde ich z. B. eine gewisse Kategorie Aerzte vor Augen führen dürfen und ihnen durch Berücksichtigung der Länder und der welthistorischen Begebenheiten, innerhalb welcher sie lebten, einen gewissen festen Boden geben können. Von solchen Gesichtspunkten geleitet, habe ich mich der Mühe unterzogen, eine Geschichte der jüdischen Aerzte zu schreiben oder, besser gesagt, den Versuch zu machen, eine solche zu schreiben. Warum gerade der „jüdischen Aerzte", das werden einleitende Worte besonders begründen.

Das Material zu dieser Arbeit ist ein ausserordentlich zerstreutes und teilweise sehr schwer zu beschaffendes; es ist meine Pflicht, den königlichen Bibliotheken zu München und zu Dresden,

sowie der Universitätsbibliothek zu München meinen Dank auszu-
sprechen für die Bereitwilligkeit, mit der sie mir ihre grossen Schätze
immer von neuem zur Verfügung gestellt haben. Ein deutsches
Buch, das den ganzen Stoff umfasste, habe ich nicht auffinden
können, nur ein französisches, das aber, von einem Laien geschrieben, wohl sehr reiches Material enthält (fast alles, was
ohne Angabe der Quelle berichtet ist, habe ich ihm entnommen),
aber an sehr mangelhafter Anordnung leidet, zudem sehr selten
geworden zu scheint, da ich es in keinem Antiquariatskatalog
auffand und zwei Bibliotheken, die Dresdner und die der Münchner
Universität, umsonst darum anging, bis sich in der Staatsbiblio-
thek zu München ein vom Verfasser z. Z. irgend einem Freunde
dediciertes Exemplar vorfand. Das ist die Histoire des médecins
juifs par E. Carmoly, Bruxelles, 1844. Ausser diesem Haupt-
werke habe ich benutzt:

1) Häser, Gesch. d. Medicin u. Grundriss d. Gesch. d. Medicin.
2) Baas, Grundriss d. Geschichte d. Medicin, Stuttgart 1876.
3) Hirsch, Gesch. der medicin. Wissenschaft in Deutschland,
    München 1893.
4) Hyrtl, Das Arabische u. Hebräische i. d. Anatomie, Wien 1879.
5) Josef Bergel, Die Medicin der Talmudisten, Leipzig 1885.
6) J. Münz, Ueber die jüd. Aerzte i. Mittelalter, Berlin 1887.
7) M. Horovitz, Jüd. Aerzte i. Frankfurt a. M., Frankfurt 1886.
8) S. Lilienthal, Die jüdischen Aerzte, J. D. München 1838.
9) J. B. Scharold, Gesch. d. Medicinalwesens i. ehem. Bistum
    Würzburg, J. D. Würzburg 1824.
10) Ludwig Geiger, Gesch. der Juden in Berlin, Berlin 1871.
11) G. Wolf, Die Juden i. d. Leopoldstadt im 17. Jahrhundert
    in Wien, Wien 1864.
12) R. Finkenstein, Dichter und Aerzte, Breslau 1864.
13) Dittmar, Die Weltgesch. in Umrissen, Heidelberg 1874.
14) E. Hecht, Israels Geschichte, Leipzig 1855.
15) M. Wiener, Regesten zur Gesch. d. Juden in Deutschland
    während des Mittelalters, Hannover 1862.

Ueber eine gelegentliche weitere Quelle giebt die citierende
Fussnote Aufschluss.

Frankenberg, im März 1895.

Einleitung.

Von allen Kulturvölkern der grauen Vorzeit nimmt das jüdische Volk eine ganz besondere und vielleicht die merkwürdigste Stelle ein. Einst berufen, der Urheber und der erste Träger des Einheitsgedankeu in der Anschauung von der Himmel und Erde beherrschenden Gottheit zu sein, fand es später statt Achtung nur Aechtung bei den nachfolgenden Kulturvölkern, die diese Idee von dem einigeinzigen Wesen, welches als Hüter der Schöpfung über den Sternen wohnt, von ihm übernommen und teilweise weiter ausgebaut und in besonderer Weise umgestaltet haben. Die zehn Sittengesetze, welche der Sendling seines Gottes ihm vor nunmehr bald drei und ein halb Jahrtausenden verkündet hatte, sind das Gemeingut aller Kulturvölker, sind die Grundlage aller Religion und aller Ethik geworden, und das Volk, von dem man diese Behauptung aufstellen darf, ohne auf einen Widerspruch zu stossen, ist eben dasselbe, dem man bis in die Gegenwart hinein Mangel an Sittlichkeit und Hang zum Laster so gern zum Vorwurfe macht. Es ist eben dasselbe Volk, das zum Spielball der Nationen geworden ist, das, ich möchte sagen, als Sündenbock für alle die zahlreichen Gebrechen des sittlichen Menschen schwer, unendlich schwer hat büssen müssen und zum Teil noch heute büssen muss. Es ist eben dasselbe Volk, das zuerst die Nächstenliebe als ewiges und zeitliches Heil verkündet hat, und das selbst Jahrtausende hindurch Hass und Verfolgung empfunden hat, so dass seine Geschichte mit Blut geschrieben ist, wie kaum die Geschichte irgend eines Volkes, so dass die Nächte seines Daseins bei weitem zahlreicher sind, als die Tage, an welchen Sonnenglanz seinen Himmel verklärte! Und wo wäre endlich ein Volk zu finden, das allen diesen Schicksalsstürmen, allen diesen grausamen Keulenschlägen der Lieblosigkeit und Unduldsamkeit, allem wahnwitzigen Fanatismus verblendeter und irregeführter Geister widerstanden hätte bis auf den heutigen Tag? Von diesem streng historischen Standpunkte aus, durchaus nicht aus einem Sondergelüste, durchaus nicht beeinflusst von unwissenschaftlicher Absicht, ist es gewiss gerechtfertigt, die Geschichte irgend eines Berufes und Standes, die unter den Juden überhaupt Vertreter gehabt haben, aus der Welt- und Kulturgeschichte des jüdischen Volkes auszulösen. Dazu kommt, dass die Juden zwar heute nicht mehr, wie oft genug fälschlich behauptet wird, einen Staat im Staate bilden, aber doch ehemals bis in die allerjüngste Vergangenheit, welche endlich die Schranken des Ghettos niederriss, die Ausnahmegesetze aufhob, die Juden zu gleichgestellten, gleiche Pflichten und gleiche Rechte tragenden Mitgliedern des Gemeinwesens emporhob, eine Sonderheit gebildet haben. Mit Berücksichtigung dieses Umstands würde der „jüdischen" Geschichte ein natürliches Ende an jenem Zeitpunkt gesetzt sein, wo die Sonderstellung der Juden in den Staaten ein Ziel gefunden hat: nicht aber würde man sie bis heute fortführen dürfen und sie als unabgeschlossen betrachten können. Denn es giebt heute nicht mehr in gleichem Sinne, wie früher, z. B. jüdische Aerzte, sondern deutsche, französische, englische u. s. f. Aerzte, welche zufällig jüdischer Confession sind, wie andere lutherischer oder katholischer u. s. w. Selbst diese Unterschiede beginnen in der Wissenschaft zu verblassen, und das bedeutet einen höheren Fortschritt in der geistigen Entwicklung des Menschengeschlechts, weil jede wahre Wissenschaft international sein, grenzenlos alle Völker umfassen muss.

Wenn ich nun im besonderen mich an den Versuch wage, eine Geschichte der jüdischen Aerzte in weiten Umrissen zu entwerfen, so ist das gerechtfertigt, weil zu allen Zeiten dem jüdischen Volke Aerzte angehört haben und diese jüdischen Aerzte in der Geschichte der gesamten medizinischen Wissenschaft eine bedeutungsvolle Rolle gespielt haben. Ganz besonders die Bedeutung der jüdischen Aerzte im Mittelalter ist eine anerkannte Thatsache, freilich eine Thatsache, von der Steinschneider mit Recht behauptet hat, dass sie zu jenen Erscheinungen der Kultur- und Litteraturgeschichte gehört, die überall als bekannt vorausgesetzt, aber nirgends speciell untersucht sind. Noch in jüngster Zeit hat Rudolf Virchow vor einem Parterre der glänzendsten Vertreter der medizinischen Wissenschaft aller Völker und

Länder — auf dem internationalen medizinischen Congress zu Rom in der allgemeinen Sitzung am 30. März 1894 in seinem Vortrage „Morgagni und der anatomische Gedanke" — es ausgesprochen „Im frühen Mittelalter waren es die Juden und die Araber, welche einigen bestimmenden Einfluss auf den Fortgang der medizinischen Lehre nahmen. Erst unsere Zeit hat hebräische Manuskripte an das Licht gefördert, welche erkennen lassen, mit welchem Eifer und welcher Gelehrsamkeit jüdische Aerzte des frühen Mittelalters für die Erhaltung und Förderung der Medizin thätig gewesen sind; man darf wohl sagen, dass bis in diese Zeit zurück sich die oft erbliche Befähigung der Juden, die seitdem so Grosses für die Wissenschaft geleistet haben, verfolgen lässt." Wahrlich ein sehr grosses Lob aus diesem scharfen, kritischen Munde! Wir werden sehen, dass diese Anerkennung nicht eine postmortale ist, sondern die Zeitgenossen jener Aerzte schon bewog, oft genug den angeborenen und anerzogenen Hass gegen den Juden um das Heil des eigenen Leibs zu überwinden und jüdische Aerzte in einer Zeit blindester Verfolgungswut gegen die Nachkommen Abrahams in die einflussreichsten Stellen und zur grössten Ehrung beförderte.

Die Frage, warum gerade die Juden so befähigt waren und es bis in die neueste Zeit geblieben sind, der ärztlichen Wissenschaft mit Erfolg sich zu widmen, gehört nicht in eine rein historische Darstellung. Ich will nur ganz im allgemeinen auf zwei Punkte hinweisen. Einmal schärfte die gesetzlich gebotene und ehemals auch ausgeführte, intensive Beschäftigung mit den heiligen Büchern, besonders mit Pentateuch und Talmud, den Geist der jüdischen Knaben und Männer in hervorragender Weise; es ist bekannt, dass sich geistige Eigenschaften vererben, und dass sie sogar in demselben Grade sich steigern können, in welchem die Geschlechtslinie tiefer sinkt. Andererseits ist zu bedenken, dass den Juden viele Jahrhunderte lang in der Auswahl des Berufs enge Schranken gesetzt waren, weil sehr viele Berufe, von den wissenschaftlichen oft alle, ihnen verschlossen wurden. Einen Arzt brauchten die Juden, und grössere Gemeinden waren sehr wohl imstande, ihn ohne andere Unterstützung zu ernähren. Es lag also für alle Israëliten, welche einen höheren Drang nach wissenschaftlicher Bethätigung in sich spürten, kaum etwas näher, als das Studium und die Ausübung der Heilkunde. Da in älteren Zeiten die jüdischen Gemeinden ihre Seelsorger nicht mit festem Gehalt anstellten, erklärt es sich also auch, warum so oft die **Rabbiner** zugleich Aerzte waren — die Heilkunde war ihnen die **Quelle** eines anständigen und ehrenvollen Broterwerbs, der die **Existenz** der **Familie** gewährleistete. Dass aber, um jedem Missverständnis dieser Bemerkung vorzubeugen, trotzdem die Erwerbssucht bei der Ausübung des ärztlichen Berufs gerade diesen Arztrabbinern sehr fern lag, das bezeugt die Geschichte, und wir werden Gelegenheit haben, wiederholt dafür Belege, selbst Zeugnisse Andersgläubiger, anzuführen.

I. Die Heilkunde im alten Testament.

Die ältesten Aufzeichnungen über die Juden finden wir bekanntlich in den fünf Büchern Moses und in allen anschliessenden heiligen Büchern, deren Gesamtheit das alte Testament ausmacht. Es ist ohne weiteres klar, dass die ersten Anschauungen über Heilung und Krankheit, welche wir aus diesem Dokumente erkennen können, ähnliche sein werden, wie bei anderen Völkern der frühesten Zeit; das würde also bedeuten, dass die Krankheit als etwas Unerklärliches und daher als etwas Uebernatürliches, als etwas, was ausser dem Bereich des Menschen und der von ihm bewohnten Erde lag, angesehen wurde. Krankheit war eine Schickung Gottes, eine Prüfung und zumeist eine Strafe, die er dem sündigen Menschen auferlegte; folglich war Gott der Arzt, in dessen Macht die Heilung lag, aus dessen Gnade die Heilung entsprang, und eine Pathologie in unserem Sinne, eine Krankheitsanalyse, konnte gar nicht vorhanden sein. Schon von Abraham wird erzählt, dass er Gott um Heilung des Abimelech anflehte, und die aussätzige Mirjam wurde erst wieder gesund, als ihr Bruder Moses Gott darum gebeten hatte. Ahrons Brandopfer setzten einer Epidemie, der 14 700 Personen erlegen sein sollen, als Strafe für die Auflehnung gegen Gott, ein rasches Ende. Wie festgewurzelt dieser Glaube an Gottes Macht über Gesundheit und Krankheit war, geht z. B. daraus hervor, dass Moses als Bote Gottes verkünden konnte, niemals würden die egyptischen Plagen die Bekenner seiner Gebote treffen, Krankheit und Unheil aber seine Verächter.

Kein Wunder ist es also, wenn die Priesterkaste, die Leviten, den ärztlichen Stand im alten jüdischen Volke darstellte; aber eben so wenig wunderbar ist es, dass die jüdischen Priester nur Staatsärzte waren, die wesentlich in Funktion zu treten hatten, wenn es galt, zu prüfen, ob eine der heiligen Vorschriften erfüllt war oder nicht. Diese Vorschriften hatten vor allem Bezug auf die Reinheit derer, welche den Tempel betraten; unrein war der Aussätzige, unrein die menstruierende Frau u. a. m. Ferner musste der Arztlevite die Geschlechtsreife erkennen, von der die Volljährigkeit bedingt wurde. Die Heilbestrebungen gegen den Aussatz, dessen Diagnose sehr wohl bekannt war, beschränkten sich auf Reinigung des kranken Körpers und auf Opferungen und Gebete: vom Propheten Elisa wird erzählt, dass er den syrischen Feldherrn Naëmon durch ein Bad im Jordanflusse vom Aussatze geheilt habe. Von chirurgischen Hilfeleistungen konnte wiederum nur insoweit die Rede sein, als damit ein göttliches Gebot erfüllt ward; die ganze Chirurgie des alten Testaments beschränkte sich also auf die rituelle Beschneidung. Aehnlich war aus dem Gebiete der Geburtshilfe den Leviten nur bekannt, dass die Genitalblutungen der Frauen teils Menorrhagieen, teils Metrorrhagieen sind, dass ferner die Lochien anfänglich rot, dann weiss gefärbt sind; sie nahmen an, dass die roten Lochien nach der Geburt eines Knaben sieben, nach der Geburt eines Mädchens aber vierzehn Tage flössen, die weissen im ersten Falle dann dreiunddreissig, im zweiten aber sechsundsechzig Tage. Diese Kenntnisse waren notwendig, um die Reinheit einer Frau zur Erfüllung der mannichfaltigsten Ceremonieen zu entscheiden. Trotz der Bekanntschaft vieler Pflanzen gab es aber bei den Juden des alten Testaments keine Heilmittellehre, was wiederum aus dem ausgesprochenen theurgischen Charakter ihrer Medicin zu erklären ist: nur Feigen und Galle von Fischen werden gelegentlich als Heilmittel erwähnt.

Privatärzte gab es überhaupt nicht; was hätten sie auch gegen die göttliche Fügung zu thun vermocht? In späterer Zeit wurden Tempel- und Wundärzte fest angestellt.

Der bedeutendste Arzt in ältester Zeit war ohne Zweifel Moses, der Gottesmann, selbst. Sein unleugbares und unsterbliches Verdienst liegt auf dem Felde der öffentlichen Gesundheitspflege. Alle seine Gebote über die Ernährung, seine Vorschriften über den Geschlechtsgenuss, selbst sein Gesetz der Sabbathruhe, welches dem Menschen eine Ruhepause in dem fortlaufenden Gange der Arbeit und der Geschäfte anbefahl, sind Erfüllungen hygienischer Empfindungen und Wünsche. Das Verbot des Schweinefleisches, das ja auch bei anderen orientalischen Völkern nachgeahmt wurde, ist mit Sicherheit auf die Erfahrung zurückzuführen, dass der Genuss dieses Tieres oft Erkrankungen nach sich zog; die Schlachtungsart sollte eine Gewähr für gesundes Fleisch bieten in ähnlicher Weise, wie die heutigen allgemeinen Schlachthäuser dies verbürgen. Dabei wäre es müssig, zu streiten, ob die empfohlene Methode die beste sei; der Geist, der sie hervorrief, ist so vom Bewusstsein des Segens der Gesundheitspflege erfüllt, dass der Mann, der ihn besass, nur um seinetwillen schon verdient hätte, unsterblich zu werden! Eine eben so grosse Bedeutung hatte sowohl in hygienischer, als auch in socialpolitischer Beziehung das Gebot, dass eine Frau in den ersten Tagen nach vollendeter Regel unrein sei, also auch nicht vom Manne berührt werden dürfe; denn in der That scheint die Empfänglichkeit der Frau in diesen Tagen am grössten zu sein, und einer zu grossen Anzahl von Kindern musste Moses als Arzt, wie als Staatsmann allerdings vorbeugen — dies umsomehr, als berichtet wird, dass die jüdischen Frauen oft und leicht gebaren, öfter und leichter, als die ägyptischen. Selbst der Zweck der rituellen Circumcision dürfte wenigstens teilweise ein vernünftiger, hygienischer sein; jedenfalls wurde dadurch der Balanitis und der Balanoposthitis, zu der die Juden damals, wie andere orientalische Völker noch heute, infolge reichlicher Schweissabsonderung unter dem warmen Himmelstriche ihrer Heimat, vielleicht auch infolge ungenügender Sauberkeit sehr geneigt waren, auf das wirksamste vorgebeugt. Dass endlich ein Ruhetag für Geist und Körper zur Erhaltung eines gesunden Individuums und somit zur Erhaltung eines gesunden Geschlechts nötig ist, bedarf keines Beweises.

Aus späterer Zeit wäre zu erwähnen, dass König Salomon, dem im Buch der Könige nachgerühmt wird, dass er der weiseste im Orient und in Aegypten gewesen, dass er die Pflanzen von der Ceder an auf Libanons Höhe bis zum schlichten Ysop an der Mauer kannte, dass er die Geschichte der Vierfüssler, der Vögel, der Fische und der Insekten wusste, auch ein Werk verfasst haben soll über die Heilung der Krankheiten mit natürlichen Mitteln. Ezechias soll aber dieses Werk vernichtet haben, weil es dem Ansehen der Levitenärzte schadete. Wie Carmoly erwähnt, gestützt auf Alman, soll noch unter den Arabern Salomons Ruhm als Arzt lebendig gewesen sein.

Nach Salomon gewannen bekanntlich die Propheten den grössten Einfluss unter den Juden, und es ist daher nicht wunderbar, dass ihnen auch Eigenschaft und Beruf des Arztes zugesprochen wurde. Sie vermochten im Namen des erzürnten Gottes

Krankheiten zu erzeugen, wie überliefert wird, und sie vermochten im Auftrage des versöhnten Gottes Krankheiten zu heilen. Dass E l i s a den Aussatz des Naëmon geheilt haben soll, habe ich schon erwähnt; auch soll derselbe eine Frau vom Scheintode wieder erweckt haben. Der bedeutendste Arzt unter den Propheten war aber Elisa's Vorgänger, E l y , welcher den scheintoten Sohn einer Wittwe in das Leben zurückrief, und welcher dem König Joram und auch dem Ahasja eine verderbliche Eingeweidekrankheit anzukündigen imstande war. Prophet I s a i ferner heilte den König Ezechias durch ein Feigenkataplasma von seiner Drüsenkrankheit. Prophet E z e c h i e l endlich scheint Knochenbrüche durch Immobilisationsverbände zu heilen gewusst zu haben. Unter den letzten Propheten (J e r e m i a s , Z a c h a r i a s u. s. w.) scheint die ärztliche Kunst geradezu Bedingung gewesen zu sein, um die Herrschaft über das Volk zu erlangen. Das beweist auch das Wort Josuas, des Sohnes von Sirach, welches die Achtung vor dem Arzte in damaliger Zeit kennzeichnet. Er sagt: „Achte den Arzt; sein Wissen lässt ihn mit erhobenem Haupte einherschreiten und gewinnt ihm die Bewunderung der Fürsten; wenn Du Dich krank fühlst, so rufe Gott an, und lasse den Arzt kommen — denn ein verständiger Mensch verachtet nicht die Heilmittel der Erde!“

II. Die Essäer (Therapeuten).

Nach M a l e a c h i , dem letzten Propheten, der etwa 400 vor Chr. Geb. gelebt hat, folgen in der jüdischen Geschichte Zeiten politischer Wirren und religiöser Verfolgungen und Kriege, welche den Zeitraum bis zur Geburt Christi und noch über diese hinaus so vollständig erfüllen, dass für die kulturelle Fortentwicklung der Juden, also auch der jüdischen Aerzte kein günstiger Boden gegeben war — denn Wissenschaft und Kultur sind Kinder des Friedens! Bald beherrschten die Syrer, bald die Aegypter das jüdische Volk, in dessen Mitte die Gelehrten, d. h. die Kundigen der heiligen Schrift, etwa dieselbe Rolle, wie einst die Propheten, spielten. Doch hielten sich diese viel zu streng an das Ueberlieferte und pflanzten dieses nur mündlich, nicht schriftlich fort, als dass im Gebiete der Wissenschaften hätte ein merkbarer Fortschritt statthaben können. Jm Gegensatze zu diesen Gelehrten vergass der eigentliche Priesterstand mehr und mehr seinen hohen religiösen Beruf, so dass oft genug das Amt des Hohenpriesters jeder Würde und jeden Ansehens entbehrte. Kein Wunder ist es so, dass neben dem politischen Zerfall des jüdischen Reichs eine Spaltung der Israëliten in Sekten eintrat. Von allen diesen interessieren uns lediglich die sogenannten Essäer.

Die Essäer oder Essenen waren Mönche, die, abgeschieden von dem Geräusch und dem wilden Strudel des Alltagslebens, in Mässigkeit und Sittenreinheit ihr Tagewerk zu vollbringen trachteten. Dieses aber bestand in Anbetung und Verehrung Jehovas nach alter Väter Weise und in Ausbreitung der Liebe unter den Menschen. Daher galten die Mitglieder dieser Sekte auch als Aerzte. Von den mannichfachen Deutungen, welche der Name Essäer gefunden hat, beruft sich die eine auf ein aramäisches Stammwort, das Arzt bedeutet, und aus dieser Erklärung entwickelte sich auch die griechische Bezeichnung der Essäer als Therapeuten. Der Hauptsitz dieser war das Gestade des toten Meeres; nicht nur in Judäa, sondern namentlich in Aegypten auch breiteten sie sich aus und fanden zahlreiche Anhänger. Vielleicht gehörte der vielgerühmte Arzt Theodor von Alexandria zu dieser Sekte.

Die Absicht, in welcher sich die Essäer der Heilung der Krankheiten widmeten, war, durch einen gesunden Körper auf die Gesundung der Seele hinzuarbeiten. Daraus erklärt es sich, dass in ihrer Therapie Gebete und fromme Sprüche bedeutungsvoll waren, und dass besonders die geringeren Geister unter ihnen schliesslich von der Höhe des Arztes auf den Standpunkt der Magier und Zauberer hinuntersanken. Von wissenschaftlichen Leistungen ist nichts von ihnen überliefert worden; dass sie in der That auch nichts zum Fortschritt der Heilkunde beigetragen haben dürften, liegt in der Natur der Mönchsmedicin.

III. Die Zeit bis zur Vollendung des Talmuds.

In den ersten Jahrhunderten der heutigen Zeitrechnung fand die Heilkunde unter den Juden trotz des Falls Jerusalems durch das Heer des Kaisers Titus im Jahre 70 und der seit damals datierenden thatsächlichen „Zerstreuung der Kinder Israëls in alle Enden der Welt" treue Pfleger. Unmittelbar nach diesem bedeutsamen Ereignis glänzten unter den Israëliten als Aerzte Akiba und Ismaël, welche bei Erkrankung eines Körperteils ihr Augenmerk auf den ganzen Körper richteten, weil sie meinten, die Zerstörung eines Teils müsse die Vernichtung des Ganzen bedingen, ähnlich, wie der Einsturz einer Mauer das ganze Gebäude zerstöre. Celsus, der berühmte römische Arzt und Schriftsteller, welcher 45 nach Chr. Geb. starb, hatte bereits der jüdischen Aerzte Erwähnung gethan und führt in der Liste seiner Medikamente, im fünften Bande seines Werks, zwei von jüdischen Aerzten gebrauchte Medikamente an.

Im dritten Jahrhundert zeichneten sich unter den jüdischen Aerzten Hanina und die beiden unzertrennlichen Freunde Samuel und Raw aus.

Hanina, der um das Jahr 200 lebte, wird vom Talmud als einer der bedeutendsten Aerzte seiner Zeit erwähnt. Welch' edle Auffassung er von seinem Berufe hatte, geht daraus hervor, dass er die Palme als Symbol der echten Heilkunde bezeichnete; einen Palmenzweig zeigte auch sein Petschaft.

Bekannt unter dem Namen Jarchinai, d. h. Astronom wurde durch seine bedeutenden Kenntnisse in der Sternenwelt der Arzt Samuël, der anfangs in Palästina, später in Mesopotamien seinem Berufe lebte. Hier machte er seinen Wohnsitz Hardith durch seine wunderbaren Heilerfolge weit berühmt. Er galt als guter Geburtshelfer und als geschickter Augenarzt. Unter seinem Namen wurde ein Heilmittel, mit dem er den berühmten Rabbi Jehuda geheilt hatte, viel verwendet. (Samuëls Kollyrium). Seine medicinischen Grundsätze werden von den Talmudisten mehrfach angeführt.

Samuëls Zeitgenosse war Raw, der besonders durch den Umstand interessant ist, dass er sich mit der damals verpönten Anatomie beschäftigte. Er wendete, wie der Talmud erzählt, grosse Summen Geldes an, um Leichen anzukaufen und an ihnen anatomische Studien zu machen. Wie grosse Missachtung ihm diese Beschäftigung eintrug, wird durch die Erzählung gekennzeichnet, dass man nach seinem Tode (243) sich der Erde seines Grabhügels als sympathetischen Heilmittels gegen das Fieber bediente, sein Grab also entweihte und zerstörte.

Unter den zahlreichen jüdischen Aerzten des vierten Jahrhunderts ragt Abba Oumna hervor. Man rühmte nicht nur seine Erfahrung in der Heilkunde, sondern er war auch ein Muster von Menschenfreundlichkeit und Frömmigkeit. Ihm galt es gleich, ob er arme oder reiche Kranke behandelte: gegen jeden hatte er dasselbe Wohlwollen. Es wird erzählt, dass er Arme nicht nur unentgeltlich behandelte, sondern sie sogar be-

schenkte, besonders zur Zeit der Rekonvalescenz; „kauft Euch"
pflegte er zu sagen, wenn er den armen Genesenden Geld gab,
„dafür Fleisch und Brot — das sind die besten Heilmittel, die
Euch jetzt noch notwendig sind!" Wer ihm aber klingenden
Lohn entrichten wollte, musste das Geld in eine Büchse, die im
Vorraum seines Hauses stand, hineinlegen.

Dem Ende dieser Epoche gehört Rabbi Gamliel III.,
der letzte Sprössling des bekannten Gelehrten Hillel, an,
der bis in die Mitte des fünften Jahrhunderts lebte. Er soll
ein ausgezeichnetes Mittel gegen Milzkrankheiten erfunden haben;
wenigstens berichtet sein christlicher Zeitgenosse Marcellus
Empiricus, der Leibarzt des Kaisers Theodosius, in seinem
Buche „De medicamentis empiricis" „ad splenem remedium singu-
lare, quod de experimentis Gamlielus patriarchus proxime ostendit."

IV. Die talmudische Medicin.

Der Talmud ist eine Realencyclopädie, wie wir modern
sagen würden, ein Sammelwerk der verschiedensten Lehr-
meinungen aus sämtlichen Wissensgebieten. Schon am Ende
des zweiten Jahrhunderts hatte Rabbi Jehuda die bis auf ihn
mündlich überlieferten Aeusserungen über gottesdienstliche, cere-
monielle und rechtliche Verhältnisse schriftlich gesammelt; diese
Sammlung ist die Mischnah (Lehre). Später wurden von anderen
Zusätze an diese angefügt, und endlich kam es zu einem neuen
Werke, das die Mischnah erläuterte und vervollständigte, sämtliche
Fragen des Lebens in sich einzubegreifen strebte, demnach
„Rechts- und Gesetzesfolgerungen, Vorbeugungsmittel zur Erhaltung der mosaischen Lehren, Einrichtungen und Sitten, Be-
sprechungen über einzelne Gesetzesbestimmungen und Wider-
sprüche in den Entscheidungen, sowie Erzählungen, Sprüche,
Bemerkungen über Philosophie, Medizin, Naturkunde, Geo-
graphie" zu seinem Inhalt hat. Diese beiden Werke, Mischnah
und Gemara, wie das spätere Werk heisst, bilden vereinigt den
Talmud. „Er ist gleichsam das Protokoll dessen, was die Rabbiner
im Kreise ihrer Bekannten und Freunde gesagt und geübt, und
dessen, was sie in der Hochschule gelehrt und gethan haben".
(Hecht, Israëls Geschichte). Die Vollendung dieses Riesenwerkes
fällt in die Mitte des fünften Jahrhunderts.

Der Talmud beschäftigt sich, wie ich vorausschicke, zunächst
mit allgemeinen Fragen, welche die Heilkunde unter den Juden

anging. Die Frage, ob es einem Juden erlaubt sei, gegen eine Krankheit, die doch von Gott gesendet sei, menschliche Hilfe herbeizuziehen, wird bejaht. Die Frage, ob es gestattet sei, bei der Befolgung ärztlicher Vorschriften den Sabbath zu entweihen, wird diskutiert, und es werden in dieser Hinsicht lebensgefährliche und ungefährliche d. h. nicht mit Lebensgefahr verbundene Krankheiten unterschieden. Wo auch nur ein Zweifel über die Prognose, wie wir heute sagen würden, obwaltet, da soll Lebensgefahr angenommen werden, und, um diese abzuwenden, ist es nicht allein erlaubt, es ist sogar geboten, alle notwendige Arbeit ohne jede Rücksicht auf die Heiligung des Sabbaths zu verrichten. Es wird geradezu als Sünde bezeichnet, Bedenken dabei zu hegen oder die Bemühung um den Kranken Nichtjuden um des Sabbaths willen zu überlassen. War aber jede Lebensgefahr auszuschliessen, so sollte die den Sabbath entweihende Arbeit Nichtjuden übertragen werden, während jede Arbeit, die am Sabbath nicht verboten war, für jeden Kranken dem Juden selbst oblag.

Aber auch über den Zustand der damaligen Heilkunde und die vorherrschenden Ansichten in derselben finden wir im Talmud einen reichen Quell.

Aerzte, die im Talmud mit Namen genannt werden, sind die bereits erwähnten Hanina, Samuel, Raw und Gamliel III. Ausser diesen werden noch einige andere genannt (Ben Achijah, der Essäer Benjamin, Kahana u. s. w.).

Die Anatomie und die Physiologie waren bekanntlich im ganzen Altertum die Stiefkinder der medizinischen Wissenschaften, weil die Zergliederung menschlicher Leichen verboten war; hat doch selbst Galen seine anatomischen Kenntnisse aus der Zergliederung von Affenleichen geschöpft! Kein Wunder also, dass die anatomischen Kenntnisse der älteren jüdischen Aerzte, deren Glaubenslehre sogar die Berührung eines toten Menschen untersagte, sehr dürftige waren. Am besten kannten die talmudischen Aerzte, wie vorher schon die Levitenärzte, die weiblichen Genitalien, weil die Beurteilung ihres Zustandes eben zur Erfüllung gewisser religiöser Vorschriften nötig war; doch waren auch diese Kenntnisse oberflächlich. Während z. B. schon der Arzt Samuël mit Recht behauptete, dass ein vorsichtig ausgeübter Beischlaf das Hymen nicht unbedingt verletzen müsse, glaubte man, dass der Uterus mit dem Darmkanal direkten Zusammenhang habe. Bekannt war den Talmudisten der Ursprung des Rückenmarks am Foramen magnum und sein Ende als Cauda equina. Die Wand des Oesophagus zerlegten sie in zwei Häute, den Lungen schrieben sie eine doppelte Umhüllung zu, und das Nierenfett liessen sie in einer besonderen Haut eingeschlossen sein.

Die Entwicklung des Fötus lassen die Talmudisten mit der Bildung des Kopfes beginnen: in der sechsten Woche sollen sich zugleich mit dem Munde, der Nase und den Augen die Genitalien bilden, erst in der siebenten die Extremitäten. Sein Geschlecht sei nach 3—3½ Monaten zu erkennen, und zu dieser Zeit sollen auch die ersten Haare entstehen. Die weissen Teile (Knochen, Sehnen, Gehirn, Sklera bulbi) leiten die Talmudisten vom männlichen Samen ab, die roten aber (Haut, Muskeln, Haare und auch die Pupille) vom weiblichen. Die Dauer der Entwicklung, also die Zeit der Schwangerschaft, schätzten sie auf 270—273 Tage, demnach ungefähr richtig; auch geben sie an, das Kindchen läge zusammengefaltet im Uterus, wie eine Schriftrolle, die Händchen an den Schläfen, und es schwimme im Fruchtwasser, wie die Nuss im Wasser. Sie wissen, dass missgestaltete Früchte geboren werden und leiten deren Entstehung vom Umgang mit Dämonen oder Tieren ab; sie kennen so das Fehlen von Extremitäten, die Hypospadie, die Existenz des Hermaphroditismus. Welches Geschlecht gezeugt werde, sollte davon abhängen, wessen Samen beim Coitus zuerst in die Gebärmutter gelange.

Krankheiten wurden meist allgemein nach dem befallenen Organe benannt (Herzkrankheit, Darmkrankheit u. s. w.), zuweilen nach hervorstechenden Symptomen (Gelbsucht, Wassersucht u. s. w.) Von chirurgischen Krankheiten werden erwähnt: Femurluxation, Contusion des Schädels, Verletzungen des Rückenmarks und der Trachea, Rippenbrüche (diese galten als sehr gefährlich!). Man hatte Perforationen der Lunge oder der Speiseröhre oder des Magens oder des Gedärms beobachtet; man hatte Polypen des Mundes und Polypen der Nase, welche als Strafe für begangene Sünden angesehen wurden, bemerkt. Die Entstehung der Krankheiten wurde mannichfach erwogen. In erster Linie galten sie als Schickungen Gottes, oder es machte sich auch die Vorstellung vom Einflusse der Dämonen geltend. Doch wird auch auf die Abhängigkeit einer Krankheit von der Constitution oder auf ihre Entstehung durch äussere Schädlichkeiten, insbesondere tierische Gifte (pflanzliche und mineralische scheinen unbekannt gewesen zu sein), hingewiesen. Die faktischen ätiologischen Kenntnisse sind sehr gering; Gelbsucht führte man richtig auf Gallenretention zurück, während man die Wassersucht, die man in Anasarka und in Ascites trennte, auf mangelnde Urinentleerung zurückführte. Samuël sagte, die Ursache aller Krankheiten liege in der wechselnden Beschaffenheit der Luft, Hanina aber, in dem Wechsel der Temperatur. Die Diagnose aber war natürlich eine rein empirische und, wie schon angedeutet, eine sehr ungenaue. Für die Prognose waren kritische Zeichen von Wichtigkeit; als solche galten Schweiss, Niesen, Pollutionen, Leibesöffnung und glückverheissende Träume. Den häufigsten Ausgang der meisten Krankheiten lehrte die Erfahrung abschätzen. Was endlich die Therapie anlangt, so wird man leicht begreifen, dass sich darin ein guter Teil Aber- und Wunderglauben breit machte; dazu zählte auch ein scheinbar sehr modernes Mittel, das Handauflegen, oder, wie unsre Bauern heute sagen, die magnetische Hand; Rabbi Jehuda soll z. B. auf diese Weise von einem langjährigen Zahnleiden befreit worden sein. Amulete von sehr komplizierter Zusammensetzung wurden z. B. gegen bestimmte Fiebererkrankungen verordnet. Wasser diente besonders zu Augenumschlägen, Wein wurde vielfach verwendet. Milch, und zwar frischgemolkene Ziegenmilch, galt als Heilmittel gegen Dyspnoe. Wie noch in den deutschen Arzneibüchern des Mittelalters[1]), spielten im Talmud auch tierische Produkte eine Rolle als Heilmittel. Der von einem tollen Hunde Gebissene sollte das Netz desselben Hundes verzehren; ein 40 Tage alter Urin wurde in kleiner Menge gegen Genuss unreinen Wassers, in grösserer gegen Skorpionenbisse empfohlen; der Gelbsüchtige sollte sich mit Heuschreckenbrühe waschen und dann in ein Bad gehen oder die Brühe von einem gekochten Ziegenkopfe trinken. Das vom Pannus ergriffene Auge wurde mit dem Blute des Auerhahns eingerieben, das an grauem Staar erkrankte mit dem Blute der Fledermaus. Von pflanzlichen Produkten dienten Seifenwurz (Saponaria officinalis) gegen Granulationswucherungen in Wunden, dieselbe in Verbindung mit persischen Datteln und Wachs gegen Gelbsucht; Olivenöl wurde gegen Rachenentzündung verordnet, Pfefferkörner in Wein dienten zur Heilung von Magenbeschwerden, Knoblauch zur Vermehrung des männlichen Samens und zur Abtötung von Eingeweidewürmern. Mohnsaft wird nur ein einziges Mal als gefährliches Mittel erwähnt; öfter aber als Heilmittel gegen Gift und gegen Zauber ein opiumhaltiger,

---

[1]) vgl. meine Arbeit: Ein Arzneibuch von 1678, Deutsche med. Wochenschr. 1893, Nr. 22/23.

siebenzig Bestandteile zählender Theriak, der ja auch Galen bekannt gewesen ist. Aus dem Mineralreiche nützte Thonerde in Verbindung mit Crocus und Gummi gegen Hypermenstruation.

Von Operationen endlich, deren im Talmud gedacht wird, sind ausser der rituellen Circumcision der Aderlass, der gegen Plethora und Halsbräune verordnet wurde, und die Sectio caesarea, welche an toten Schwangeren zur Rettung der Frucht, wie auch bei den alten Griechen und den Indern, unternommen wurde, hervorzuheben. Berichtet wird auch von der Einrichtung von Frakturen und Luxationen, von der Spaltung einer den Mastdarm verschliessenden Haut, von der Anwendung des Kreuzschnittes zur Eröffnung des Karbunkels und sogar von einem Einschnitt in die Bauchhaut zur Entfernung des übermässig unter ihr abgelagerten Fetts. Operiert wurde mit beinernen Werkzeugen, während man Eisen für gefährlich hielt — ob die damaligen Wundärzte wohl schlechte Erfahrungen mit verrosteten Instrumenten gemacht hatten?

Ich schliesse diesen kurzen Ueberblick über die talmudische Medicin mit dem Hinweis, wie hoch der Wert der Wissenschaft in diesem viel verkannten und wenig gekannten Werke geschätzt wurde. „Die Beschäftigung in der Wissenschaft ist mehr, als das Opfern", heisst es an einer Stelle, und „Wissenschaft ist mehr, als Priestertum und Königswürde" an einer anderen.

V. Der Anteil der Juden an der arabischen Medicin.

Nach der Vollendung des Talmuds folgte im Orient eine Zeit politischer Wirren. Das oströmische Kaiserreich hatte unter Justinianus I. seine letzte Glanzperiode beendet, als diesem Herrscher im Jahre 565 der schwache Justin II. gefolgt war, und, obwohl Kaiser Heraklius die vordringenden Asiaten, welche sich bereits in Aegypten, Syrien und Kleinasien festgesetzt hatten, noch einmal besiegte und zurücktrieb (627 bei Ninive), so geriet dennoch das morsche und sittenlose Reich immer tiefer in unabwendbaren Verfall. Und wie auf politischem Gebiete, so auf religiösem Gebiete — Entartung und Rückschritt! Weil, wie Dittmar sagt, das Christentum der Byzantiner selbst ausgeartet und darum nicht imstande war, die anderen morgenländischen Völker aus ihrer geistigen Erstarrung zu reissen, war der Boden für einen neuen Propheten, der den unglücklichen, unzufriedenen Völkern das Heil verhiess, geebnet. Abul Kasem Mohamed,

geboren 571, wurde der Gründer des Islams, und mit der neuen
Religion begann ein neues Reich im Osten aufzublühen, Arabien,
dessen Herrscher nach Mohameds Tode als Khalifen d. h. Stellvertreter (nämlich des Propheten) die Geschicke des Landes
lenkten und das Land selbst zu einer blühenden Pflegestätte der
Wissenschaft machten. Die Zeitspanne, welche zwischen der
talmudischen Epoche und dem Beginne des Glanzes Arabiens
liegt, also etwa von der Mitte des fünften bis zur Mitte des
siebenten Jahrhunderts, konnte unmöglich geeignet sein, die
Wissenschaft, also auch die Medicin, zu fördern, die bis dahin
im Orient gepflegt ward; im Abendlande fand sie keine Zufluchtsstätte, denn auch hier gährte es, auch hier wurde altes vernichtet
und neues geschaffen. Und die jüdische Medicin insbesondere
litt durch Glaubensverfolgungen; schon 404 und 419 hatte Honorius
Ausnahmegesetze gegen die Juden erlassen, 415 inscenierte Bischof
Cyrillus in Alexandrien eine Judenhetze, 493 schloss Theodosius
die Juden von Aemtern und Würden aus, 520 suchte König
Kobad von Persien die Juden zur Annahme der persischen Staats-
religion zu zwingen, und, als im Jahre 609 die Juden den Perser-
könig im Kampfe gegen Byzanz unterstützt hatten, rächten sich
die Christen durch Gefangennahme und Hinrichtung von zweitausend Juden. Alles dies sind Umstände, welche die jüdische
Medicin mit aller Wissenschaft im Orient zwei Jahrhunderte verfallen liess. Wenn aber die Wissenschaft dahinsiecht, dann
sprosst die Afterwissenschaft zu üppigem Leben auf. So wurde
auch die Medicin von der Höhe der Wissenschaft zur reinen
Empirie hinabgezogen und umgab sich mit Mystik. Die Kabalah
wurde, um Carmolys Bild zu brauchen, inmitten dieser Finsternis
die Königin der Wissenschaften. Diese Lehre war ein Gemisch
von Pythagoräertum und Platos Lehren mit Zoroasters Theosophie
und jüdischer Theologie, wurde aber schliesslich so reich an
eigenen Ideen, dass ihr Ursprung sich mehr und mehr verwischte.
Von Gott, lehrte die Kabalah, gingen zehn Engel aus, die eine
erste Welt erschufen. Ausser dieser gab es drei Welten, die
aus nichts entstanden waren. Unter einander sollten diese vier
Welten so zusammenhängen, dass, was auf einer Welt niederer
Ordnung geschah, bereits in jener höherer Ordnung sich ereignet
hatte. Daraus folgte für die kabalistischen Aerzte, dass, wer
eine Krankheit auf unserer Welt heilen wollte, sich in Beziehung
zu den Welten höherer Ordnung setzen musste — denn, ehe hier
etwas zur Heilung Zweckdienliches eintreten konnte, musste eben

dasselbe bereits dort geschehen sein! Natürlich schützten die Kabalisten vor, dass nur ihnen, den Kennern der Kabalah, der vermittelnde Verkehr mit der höheren Welt gegeben sei; ja, es mag wohl einer den andern nicht würdig genug gehalten haben, mit den überirdischen Wesen zu verkehren. Jedenfalls dünkte den kabalistischen Aerzten der Verkehr mit dem Himmel wesentlicher, als irdisches Wissen, und es erhellt daraus, dass eben von einer medicinischen Wissenschaft keine Rede mehr war.

Da begannen endlich, wie ich erwähnte, die arabischen Khalifen Macht und Ruhm zu gewinnen und schufen einen neuen, herrlichen Kulturstaat. „Sollte das heilige Feuer der Wissenschaft nicht ganz verglimmen," sagt Hyrtl treffend, „musste es von einem andern Fleck der Erde Nahrung erhalten. Sie zu bringen, waren die Araber berufen, welche von einem rohen, unbedeutenden und fast unbekannten Beduinenvolk sich durch die Macht religiöser Begeisterung nicht blos in kurzer Zeit zu Eroberern der halben damals bekannten Welt emporschwangen, sondern auch eine Kulturstufe erreichten, welche sie weit über die Völker des Abendlandes erhob. In den von ihnen eroberten Ländern, in Syrien, Palästina und Aegypten, wurden sie mit den griechischen Geisteswerken bekannt. Ihre angeborene Achtung vor der Wissenschaft, besonders vor der Medicin, bestimmte sie, durch Uebersetzungen sich dieselbe anzueignen. Ihre edlen und aufgeklärten Herrscher, zahlreicher, als sie je in einem christlichen Staate gefunden wurden, waren Freunde der Wissenschaften und Gönner der Gelehrten. Sie förderten die geistige Ausbildung ihres begabten und entwicklungsfähigen Volkes mit aller Macht, obgleich nur in jenen Gebieten des Wissens, welche, wie Naturlehre, Geschichte, Mathematik, Astronomie und Medicin, mit den Satzungen des Koran nie in Konflikt geraten konnten. Barbaren, welche am Zerstören wilde Freude hatten, wie die Hunnen, Goten und Vandalen, waren die Araber nie. Die Alexandrinische Bibliothek haben sie nicht in Gänze verbrannt, wie allgemein gesagt wird. Die medicinischen und naturhistorischen Handschriften schieden sie aus und vernichteten blos die dem Koran widerstreitenden religiösen und philosophischen Werke[2])." War es nicht natürlich, dass die Juden, die Reste des ältesten Kulturvolkes, im Arabien jener Zeit eine neue Heimat erblickten, dass sie dort mit neuem Eifer sich der jungen Wissenschaft, deren

---

[2]) Hyrtl, Das Arabische und Hebräische in der Anatomie, Wien 1879; Einleitung.

Verehrung ihr Erbteil von den Ahnen war, und ganz besonders
der Medicin, für welche die Vorfahren seit ältester Zeit ein besonderes Interesse bewiesen hatten, ergaben?

In der That, sobald im achten und neunten Jahrhunderte zu
Bagdad, zu Kufa und zu Basra Hochschulen der Wissenschaft
eröffnet waren, sehen wir die Juden lebhaften und rühmlichen
Anteil an ihrer Entwicklung und an ihrem Glanze nehmen.
Schon unter dem zweiten Khalifen nach Mohamed, Omar, welcher
634 zur Regierung kam, hatte sich als Arzt Abu Hafsa Jezid
berühmt gemacht, und, als die Ommaijaden mit Moawijah I.
zur Herrschaft gelangten, wurde ein Jude, Maser Djewaih
Ebn Djaldjal aus Basra, dessen Leibarzt. Er war es ganz
besonders, der seinen Herrn anspornte, die fremdsprachigen
Werke übersetzen zu lassen, und den Löwenanteil an diesen
Uebersetzungen, die vorwiegend griechische Werke naturwissenschaftlichen Inhalts betrafen, in das Arabische trug Maser
Djewaihs Schüler, Khalid, ein Enkel des Herrschers Moawijah,
davon, während er selbst 683 die Pandekten eines alexandrinischen
Arztes Ahron in das Syrische übersetzt hat, die nicht auf unsere
Zeit überkommen sind. Doch andere Araber citieren diese Pandekten, und wir wissen, dass z. B. Pocken, Magenentzündung, Ikterus,
Hernien, Epilepsie, die Kennzeichen des Todes darin besprochen
werden. Zur selben Zeit errichteten jüdische Aerzte in Gemein-
schaft mit den christlichen Nestorianern eine medicinische Hochschule zu Djondisabour in Khouzistan, zu der zahlreiche Schüler
strömten. In einem Hospital neben dieser Lehranstalt empfingen
die Studenten klinischen Unterricht.

Die Nachfolger Moawijahs hatten grössere Freude an kriegerischen Thaten, als an friedlichen Werken, und erst, als die grausamen und habsüchtigen Herrscher entthront waren und das
Reich in die Hände der Abbassiden gefallen war, begann die
eigentliche Blüte Arabiens. Unter dem zweiten Abbassiden, Abu
Giaffar Almanzor, der durch ärztliche Kunst von einer
schweren Krankheit gerettet worden war, fanden Astronomie, Medicin
und Philosophie in Bagdad, das Almanzor zur Feier des nach
blutigen Kriegen zurückgekehrten Friedens gegründet hatte, eine
liebevolle Pflegestätte; man übersetzte und studierte Aristoteles,
Galen und Ptolemäus. Aus der Hochschule von Bagdad ging
Isaak ben Amran hervor, der Leibarzt des Emirs Zyadet-
Allah von Afrika wurde, dort aber auf den hartnäckigsten

Widerstand des christlichen Leibarztes stiess. Isaak ben Amran, der ein Buch über Behandlung der Vergiftungen schrieb, starb 799.

Der glanzvollste Herrscher der Abbassiden, der selbst mit dem Abendlande (Karl dem Grossen) diplomatischen Verkehr unterhielt und Gesandtschaften austauschte, war Almanzors Nachfolger, Harun al Raschid. Er gründete die Hochschule von Bagdad als Zweig der alten Stammschule von Djondisabour, und, wie diese von Juden mitbegründet war, zog er auch an die Tochteranstalt von Bagdad neben christlichen Aerzten jüdische. Er besoldete diese Lehrer und trug ihnen auf, die Candidaten, welche die Praxis aufzunehmen gedachten, zu prüfen. Unter den jüdischen Lehrern der Medicin an dieser Hochschule von Bagdad wird Josua ben Nun als hochberühmt genannt zum Beginn des neunten Jahrhunderts; er ist beteiligt an den besten Uebersetzungen dieser Epoche und machte durch sie seinen Namen in der ganzen wissenschaftlichen Welt von damals bekannt. Sein Unterricht war sehr begehrt, und die Zahl seiner Schüler war eine grosse; unter diesen war vielleicht der gefeierte Arzt Abu Jussuf Jakob ben Isaak Kendi auch ein Israëlit. Josuas Zeitgenosse war Sahel, Zein al Taberi zubenannt, ein genialer Kopf, nicht nur in Medicin, sondern auch in Arithmetik, Geometrie und Astronomie wohl bewandert. Er übersetzte nicht nur medicinische und astronomische Bücher aus dem Hebräischen in das Syrische und in das Arabische, sondern schrieb auch Zusätze zu seinen Uebersetzungen. Er soll auch astronomische Instrumente erfunden haben; ja, man erzählt, er habe auf freiem Platze unterrichten müssen, weil sein Lehrraum die Schüler nicht alle aufnehmen konnte, — auf einem Platze, der nach ihm Sahelplatz genannt worden sei. Jedenfalls gehörte Meschallah zu seinen Schülern, welcher als Astronom sich noch im vierzehnten Jahrhunderte selbt in Europa eines berühmten Namens erfreute.

Bereits unter dem Scepter Mamouns lebte Sahels Sohn als angesehener Arzt, Aboul Hassan, welcher später zum Islam übertrat und Leibarzt der Khalifen Mostasem und Montawakkel wurde. Mamoun war der Gründer der Schulen von Basra und Samarkand; unter ihm wurden die Werke des Aristoteles und zum Teil die Platos übersetzt, und unter ihm breitete sich die jüdisch-arabische Wissenschaft weiter aus nach Alexandria, wo noch einmal die Zeiten der Ptolemäer wiederkehrten, nach Fez und Marokko, nach Sicilien und der Provence, vor allem

aber nach Spanien, wo bald die Schulen von Cordova, das 756
der letzte Sprössling der Ommaijaden als arabisches Emirat gegründet hatte, von Sevilla, Toledo, Saragossa und Granada den
Ruhm und die wissenschaftlichen Ueberlieferungen der Schulen
von Djondisabour, Bagdad, Basra u. s. w. fortpflanzten, so dass
in kurzer Zeit auf spanischem Boden 60 grosse Bibliotheken vorhanden waren. Aber der Brennpunkt der medicinischen Wissenschaft war noch Arabien selbst, und die jüdischen Aerzte standen
in so hohem Ruhme, dass sich unter dem Khalifen Montawakkel
der Neid gegen sie regte. Daher befahl der Khalif im Jahre 853,
dass die jüdischen Studenten der Medicin nur in syrischer oder
hebräischer Sprache, nicht aber in arabischer unterrichtet würden.
In diese Zeit fällt auch die Blüte der jüdisch-medicinischen
Hochschule von Kairouan auf afrikanischem Boden; sie entsandte
drei Jahrhunderte lang glänzende Vertreter der Wissenschaft.
Ihre Hauptbedeutung hatte sie freilich für die jüdische Theologie;
doch wurde die Medicin durchaus nicht vernachlässigt. Zeugnis
dafür ist ihr Schüler Isaak ben Amran, der jüngere, vielleicht ein Enkel des oben erwähnten Isaak ben Amran, der ja von
Bagdad in die Hauptstadt der afrikanischen Berberei gekommen
war. Er war Leibarzt des letzten Herrschers von Afrika aus
dem Hause der Aglabiten, des Emirs Zijadeth Allah III.
Man rühmte seine Heilerfolge, und die wissenschaftliche Welt
schätzte seine Bücher; namentlich seine medicinischen Briefe an
den Fürsten Said ben Naufel und an den Minister Abbas
werden von späteren arabischen und jüdischen Aerzten gern
citiert. Zahlreiche Schüler sammelten sich um den jüngeren
Isaak ben Amran; der bedeutendste von allen ist der etwa
832 in Aegypten geborene Isaak ben Soliman, noch bekannter als Isaak el Israili, unter welchem Namen ihn noch
in der Gegenwart der Altmeister Hyrtl[3]) mit Achtung erwähnt
und ihn „den gelehrten Sohn Israëls" nennt. Anfänglich scheint
er sich vorzüglich als Augenarzt bewährt zu haben; später lebte
er in Marokko als Leibarzt des Sultans Abu Mohamed el
Mahdi und starb als hundertjähriger Greis, der wegen seiner
Gelehrsamkeit gleich wie wegen seines unbefleckten Charakters
und seiner Uneigennützigkeit allgemein verehrt worden war.
Man erzählt, er sei unverheiratet geblieben und habe, als man
ihn nach der Ursache gefragt, geantwortet: „Ich habe vier

---

[3]) Hyrtl, l. c. pag. 127.

Bücher geschrieben, durch welche mein Andenken besser, als durch Nachkommen, erhalten bleiben wird." Und Israili behielt Recht — denn seine Gesamtwerke wurden noch nach sechshundert Jahren gedruckt als Opera Isaaci Judaei, Leyden 1515. Unter diesen Büchern steht obenan die Abhandlung über Fieber und die Schrift über einfache Heilmittel und Diätetik, um welcher willen ihn Sprengel[4]), der bedeutende medicinische Historiker, den besten diätetischen Schriftsteller unter den Arabern nennt. Der letzteren Schrift schliesst sich die über Nähr- und Heilmittel an, deren hebräische Uebersetzung (Israili selbst hat arabisch geschrieben) als Sefer hamesaadim bekannt ist. Weitere Abhandlungen behandeln die Lehre vom Urin, dessen hebräische Uebersetzung sich im Manuskript erhalten hat, die Lehre von den Elementen, die Melancholie, den Theriak, die Wassersucht u. s. w.; auch eine medicinische Propädeutik, „Einführung in die Heilkunde", nennt ihn als Verfasser. Der oben erwähnte lateinische Uebersetzer nennt Israili medicorum monarca. Unter den Schülern dieses hervorragenden Mannes erwähne ich Dunasch ben Tamim, der ihm in seiner Leibarztstelle folgte und ihn etwa dreissig Jahre überlebte. Die Behauptung der Araber, er sei zum Islam übergetreten, ist unerwiesen. Jedenfalls stand er mit berühmten jüdischen Zeitgenossen in regem Verkehr und schrieb ausser medicinischen Abhandlungen auch eine hebräische Grammatik.

VI. Der Zug der arabisch-jüdischen Medicin in das Abendland.

Mit der Schule von Kairouan hatten wir bereits den arabischen Boden verlassen; erwähnt habe ich auch schon, dass die Araber unter dem letzten Sprossen der Ommaijaden das Meer überschritten und in Spanien das Emirat von Cordova gründeten, und dass später unter Khalif Mamoun die arabische Kultur weiter westwärts zog bis nach Sicilien und der Provence. Allgemein bekannt ist, wie in Spanien vor allem die arabische Herrschaft zur Blüte gedieh, wie die Beherrscher des jungen Frankenreichs gegen die mächtig anstürmenden Asiaten, welche schliesslich die natürliche Grenze der Pyrennäen zu durchbrechen drohten, sich wehren mussten. Karl Martell hatte sie in der Schlacht auf dem Gefilde zwischen Tours und Poitiers 732 zurückgeschlagen,

---

[4]) Geschichte der Arzneikunde, 2. Band.

und Karl der Grosse drängte sie 778 bis an den Ebro zurück. Diese Bekämpfung der Araber galt den Franken als Glaubenssache; sie führten das Kreuz Christi in das Gefecht gegen den Halbmond. Aber wir müssen heute gerechter sein und anerkennen, dass die Araber bei ihrem Vordringen in das Abendland eine Kulturmission erfüllten. Sie brachten aus ihrer Heimat die Verehrung der Wissenschaften in ein Land, das damals Lorbeeren des Krieges der friedlichen Palme geistiger Entwicklung vorzog, das wohl bestrebt war, den Heiden den Segen des Christentums zu bringen, sich aber sonst nicht um die Pflege des Geistes viel kümmerte. Besonders die Heilkunde hat den Arabern jener Zeit bei weitem mehr zu danken, als den Abendländern. Sie erhielten durch ihre Uebersetzungen die Werke der alten griechischen Klassiker lebendig; denn das Griechische wurde erst durch die Humanisten wieder eine verständliche Sprache. Besonders galt dies von den Werken Galens, die, um Hyrtls Worte zu brauchen, „durch vierzehn Jahrhunderte als Gesetzbücher der anatomischen und heilkundigen Wissenschaften"[5]) verehrt wurden; sie wurden erst im elften Jahrhunderte auf Befehl des Normannenkönigs Robert von Sicilien durch den Mönch Rubertus de Regio in das Lateinische übertragen, und Rubertus benutzte nicht den griechischen Urtext, sondern die arabischen und hebräischen Uebersetzungen als Unterlage für sein Werk! Wenn wir auch heute Galens Lehren nicht mehr unterschreiben, so ist doch durch die Erkennung seiner Irrtümer der Anstoss zu neuen Studien gegeben worden, auf die unser jetziges Wissen sich gründet: jede neue Erkenntnis in der Wissenschaft wurzelt in der vorhergehenden, und, wäre sie auch die Umkehr von jener! Unbestritten bleibt ferner den arabisch-jüdischen Aerzten nach dem Urteile eines neuesten christlichen Autors[6]) „das Verdienst um eine erhebliche Bereicherung des Arzneischatzes mit wertvollen Heilmitteln, um die Begründung des Apothekenwesens, um die Förderung der Hygiene, um die Errichtung von Krankenhäusern." In letzteren war reiche Gelegenheit zu klinischer Beobachtung, die im Altertum und im gleichzeitigen Abendlande wegen Mangels an solchen Unterrichtsanstalten nur sehr dürftig sein konnte. Wir finden im Abendlande erst im elften und zwölften Jahrhunderte

---

[5]) Lehrbuch der Anatomie, § 14.

[6]) Hirsch, Geschichte der medicinischen Wissenschaften in Deutschland. München 1893.

öffentliche Krankenhäuser (Hospital San Spirito zu Rom, Hôtel Dieu zu Lyon und zu Paris u. s. w.[7]), während das Spital zu Djondisabour, wie erwähnt, schon in der zweiten Hälfte des siebenten Jahrhunderts begründet und auch zu Unterrichtszwecken benutzt worden war.

Nach dieser kurzen Würdigung der Verdienste der Araber um die Heilkunde im allgemeinen kehre ich zu meiner besonderen Aufgabe zurück.

Arabische Aerzte jüdischer Konfession waren bereits mit den vordringenden arabischen Heeren im neunten Jahrhunderte in das Reich der Franken gekommen. Da werden genannt Mescholaum ben Kalonymos, Joseph ben Gorion, Moses ben Jehuda, Todros von Narbonne und Joseph Halevy. Dass Karl der Grosse einen jüdischen Leibarzt hatte, ist behauptet worden, scheint aber unwahr zu sein. Dagegen gelangte Zedekias zu dieser hohen Vertrauensstellung bei Ludwig dem Frommen und später bei Karl dem Kahlen, dem Sohne Ludwigs. Diesem jüdischen Arzte wurden so merkwürdige Heilerfolge nachgerühmt, dass er dem Volke geradezu als Zauberer erschien. Je mehr ihm Karl der Kahle Vertrauen und Gunst bezeugte, desto grösseren Hass lud er seitens des unwissenden, abergläubischen Volkes auf sein Haupt. Dieser Hass brachte es zustande, dass Zedekias, als Karl der Kahle plötzlich starb (877), beschuldigt wurde, seinen kaiserlichen Herrn vergiftet zu haben. Voltaire bemerkt zu dieser Legende in seinem Essai sur les mœurs et l'esprit des nations[8]) „Niemand hat einen Grund angeführt, aus welchem dieser Arzt jenes Verbrechen beging. Was konnte er bei der Vergiftung seines Herrn gewinnen, nachdem er ein so schönes Schicksalsloos gezogen hatte? Kein Autor spricht von einer Bestrafung des Arztes! Also muss man die Vergiftung anzweifeln und allein in Betracht ziehen, dass das christliche Europa so unwissend war, dass die Herrscher sich genötigt sahen, jüdische und arabische Aerzte sich zu ihren Aerzten zu nehmen."

Unter den arabischen Aerzten, welche um diese Zeit nach Sicilien kamen, ragte der Jude Sabatai ben Abraham, genannt Donnolo, im zehnten Jahrhunderte hervor. Es standen damals jüdisch-arabische Schulen, an denen Heilkunde gelehrt

---

[7]) vgl. Ziemssen, klinische Vorträge I. 3, 1888, pag. 8.

[8]) Oeuvres complètes, tome IV, Pariser Ausgabe 1817 pag. 229 (citiert nach Carmoly).

wurde, zu Palermo, zu Tarent, zu Bari in hoher Blüte. In Tarent hatte Donnolo studiert; später bereiste er Italien und lag hier astronomischen Studien ob, deren Früchte sein Sefer Hamasalot (Sternenkunde) und Kommentare zu älteren astronomischen Werken waren. Uns Mediciner interessiert seine erst kürzlich aufgefundene hebräische Schrift, welche 120 Arzneipflanzen und deren Gebrauch beschreibt.

Von Sicilien verpflanzte sich die ärztliche Wissenschaft auf das italische Festland. Südlich von Neapel, an einer Bucht des tyrrhenischen Meeres, liegt in einem der schönsten Landstriche Süditaliens diejenige Stadt, die in die Geschichte der Medicin mit schimmernden Buchstaben eingeschrieben ist — Salerno. Eine alte römische Kolonie, war es seit langem ein beliebter Kurort, in späterer Zeit auch ein berühmter Wallfahrtsort und stand im frühen Mittelalter unter dem Regimente der Langobarden —, dann der Normannen-Fürsten; seit 974 war in seinen Mauern ein Erzbischof ansässig. Eine medicinische Schule mag schon um diese Zeit in Salerno gewesen sein; es wird z. B. von dem eben genannten Donnolo berichtet, dass er auch in Salerno studiert habe. Aber der Ursprung der Salernitaner Schule, die aus kleinen Anfängen sich zu jahrhundertlangem, die ganze Welt erleuchtendem Glanze emporhob, um schliesslich von jüngeren Schwestern überflügelt und fast vergessen zu werden, fällt erst in das elfte Jahrhundert, und an diesem Beginn haben wiederum Juden ihren Anteil, wie sie späterhin diesen Mittelpunkt medicinischen Lebens (man vergleiche die Sage vom „armen Heinrich" und das dieselbe behandelnde Gedicht Hartmanns von Aue!), als Studenten und Lehrer bevölkerten und zum Weltenruhme Salernos beitrugen. Im elften Jahrhunderte traten dort einige Aerzte zum Studium der griechischen und arabischen Aerzte als Collegium Hippocraticum zusammen, und der Ruhm ihrer Gelehrsamkeit brachte ihrem Wohnsitz bald den Ehrennamen einer Civitas Hippocratica. Schüler strömten herbei, um den Griechen Pontus, den Araber Abdallah und den Juden Elisäus (Elinus), von denen jeder in der Muttersprache, Pontus griechisch, Abdallah arabisch und Elisäus hebräisch, unterrichtete, zu hören; unter diesen Schülern befanden sich zahlreiche Juden. Elisäus selbst scheint Salernitaner gewesen zu sein: jedenfalls gab es zu seiner Zeit in Salerno eine jüdische Gemeinde. Unter den ersten berühmten Lehrern der Civitas Hippocratica war ein gewisser Copho, der an der Ausarbeitung des berühmten Compendium Salernitanum,

dem ersten Lehrbuche, das das Gesamtgebiet der Medicin um-
griff. mit beteiligt war, und dieser Copho soll Jude gewesen
sein. Dasselbe wird von Copho II. berichtet, obgleich er als
Verfasser einer Anatomia porci gilt. Unter den Aerztinnen,
welche in Salerno lehrten (die Lehrfreiheit nach empfangener Promotion erlaubte das), befindet sich eine Rebekka im dreizehnten
Jahrhunderte, welche über Fieber, über Urin und über den Fötus
Abhandlungen verfasste. Es wird sich wiederholt Gelegenheit
bieten, bei unserer weiteren Betrachtung auf Salerno zurückzu-
kommen.

Jetzt gilt es, um der Zeitfolge nicht zu weit vorzugreifen,
zunächst auf Spanien das Augenmerk zu lenken. Hier gelangte
in der Zeit, in der wir eben verweilen, also im zehnten und
elften Jahrhunderte, selbst noch im Beginn des dreizehnten Jahrhunderts, die arabische Medicin auf den Gipfel ihres Ansehens,
und zu jener Zeit gerade sind hier unter den erlauchtesten Ver-
tretern der Heilkunde Juden thätig gewesen, oder sie gehörten
wenigstens durch Geburt und durch ihr Studium Spanien an.

Der Mitte des zehnten Jahrhunderts ist Chasdai ben
Schaprut (Sprot) zuzurechnen: die Araber nennen ihn Hasdai
ben Baschrut. Dieser geniale Mann war nicht nur ein vorzüglicher Arzt, sondern sein Wissen erstreckte sich zugleich auf
die Astronomie und sein Können auf die Dichtkunst und auf
die Politik. So ward er nicht nur Leibarzt des Khalifen
Abdalrahman III. von Cordova, sondern sogar Premierminister
dieses Fürsten. Als solcher brachte er eine diplomatische Allianz
zwischen seinem Herrn und dem Kaiser Romanus von Byzanz
zustande: der Khalif erhielt von seinem neuen Verbündeten unter
anderen Geschenken ein griechisches Werk des Dioskorides
über Pflanzenkunde, und Chasdai übersetzte dieses mit Unterstützung eines griechischen Mönchs in die arabische Sprache,
gleichzeitig diejenigen Namen von Heilpflanzen, welche den
Arabern unbekannt waren, erläuternd. Unter seinen medicinischen
Schriften wird eine über den arabischen Theriak genannt. Chasdais
hebräische Gedichte verdienen aus kultur- und litteratur-historischem
Interesse erwähnt zu werden, weil er sie nach arabischem Muster
in Reimen verfasste.

Am Ende des zehnten Jahrhunderts zeichnete sich Harun
von Cordova aus, noch unter Abdalrahmans III. Regierung
in Cordova geboren. Er wurde Lehrer der Heilkunde an der
Hochschule seiner Vaterstadt und veröffentlichte 975 einen
Kommentar zu Ebn Sina.

Etwa gleichzeitig gehörte der Hochschule von Toledo als Lehrer Emran ben Isaak, über dessen medicinische Schriften nichts bekannt ist, an. Er starb im Jahre 997.

Jona ben Gonach, bei den Arabern Abu'lwalid Merwan Ebn Djanah, war wiederum aus Cordova gebürtig (995); er studierte auch daselbst und war nicht nur ein hervorragender Arzt, sondern auch einer der bedeutendsten hebräischen Grammatiker, den Spanien erzeugt hat. Unter seinen Arbeiten aus dem medicinischen Gebiete ist die Schrift über Medikamente und ihre Dosierung hervorzuheben. Als Todesjahr dieses Arztes wird 1045 oder 1050 genannt.

Ein Zeitgenosse Jonas war Abu-Bekr Mohamed ben Merwan Ebn Zohar, der erste Arzt aus dieser berühmten jüdischen Gelehrtenfamilie, der 1031 zu Talabira starb. Auch sein Sohn Abd-al Malik Ebn Zohar wird als trefflicher Arzt genannt: er lebte einige Zeit ausserhalb seiner Heimat in Bagdad, Cairo und Kairouan, um dann nach Spanien zurückzukehren. Eng befreundet war dieser mit dem jüdischen Arzte Josef ben Zebad, der auch als Philosoph einen guten Ruf genoss. Enkel Abu Bekrs, Sohn des Abd-al Malik war Abu'l Allah Ebn Zohar, dessen seltene Bescheidenheit gerühmt wird; er verfasste eine Widerlegung Avicennas[9]) für seinen Sohn, den später so berühmt gewordenen Abu-Merwan Ebn Zohar.

Dieser Ebn Zohar[10]), der berühmteste seiner Familie und einer der bedeutendsten Aerzte seiner Zeit, der auch im christlichen Abendlande noch im fünfzehnten Jahrhunderte hoch geschätzt wurde, war zu Pentaflor etwa im Jahre 1070 geboren und wurde von seinem Vater schon im zehnten Jahre in medicinischen Wissenschaften unterrichtet. Dann studierte er zu Sevilla und ward hier später Arzt des Königs Ali ben Temin. Nachdem der Fürst von Marokko, Jussuf ben Tachefyn, die kleinen spanischen Despoten vertrieben hatte, trat Ebn Zohar (latinisiert Avenzoar) in den Dienst dieses Fürsten. Zu seinen Schülern zählte der nachmals hochgefeierte Ibn Roschd (Averroës)

---

[9]) Avicenna, latinisiert aus Ebn-Sina, lebte 980—1037 und gilt als arabischer Galen. Besonders sein Kanun fi't Tib (d. i. die Regel der Medicin) ist hochberühmt und war lange Zeit die Grundlage allen medicinischen Studiums: ja, Avicennas Kanun verdrängte sogar Hippocrates und Galen aus ihrer prädominierenden Stellung im Abendlande.

[10]) Hyrtl bezweifelt, dass er Jude war und hält ihn für einen Mohamedaner, weil sein Ahne den Vornamen Mohamed führte: Mohamed sei aber ein bei den damaligen Juden und Christen verpönter Name gewesen. Ich bezweifle, dass diese Begründung genügt.

aus Cordova, der als Arzt durch sein Werk über die gesamte Heilwissenschaft (noch 1531 gedruckt) und fast noch mehr als Philosoph sich auszeichnete. Avenzoar war ein aufmerksamer Beobachter der Natur und ein gründlicher Denker; er beherrschte die hebräische, die syrische und die arabische Sprache in gleicher Weise und wusste seine Feder in Prosa und Poesie schreiben zu lassen. Das bedeutendste seiner medicinischen Werke ist El-teïsir fil-modawat wel-tedbir betitelt, das heisst etwa „Heilkunde und Diätetik"; er bespricht darin die Behandlung der Krankheiten, flechtet aber auch anatomische Notizen ein, besonders über das Auge und den Uterus. Das Werk wurde 1280 in das Hebräische übersetzt, und, aus dieser Uebersetzung hergestellt, erschien es von der Hand des Paravicius von Padua als Albumeron Avenzoar in lateinischem Gewande zu Venedig 1490. Ausserdem stammen zwei Abhandlungen über Fieber von ihm, die noch 1570 in Venedig gedruckt wurden. Avenzoar wagte es sogar Galen zu widersprechen, für seine Zeit in der That ein mutiges Wagnis! Er gilt als erster Beobachter der Krätzmilbe; von neuen Krankheiten beschrieb er die durch Magenulceration bedingte Abzehrung, die Mediastinitis u. s. w. Er machte Beobachtungen über Pericarditis, über eine durch Speisenröhrenlähmung erzeugte Angina, über eine durch Skirrhus der Zunge verursachte Sprachstörung und über anderes mehr. Interessant sind auch seine Ansichten von der Schädlichkeit der Sumpfluft. Avenzoar starb, mehr als 90 Jahre alt, im Jahre 1162.

Ein ebenbürtiger Zeitgenosse und Landsmann Avenzoars war der 1092 in Toledo geborene Abraham ben Meir Aben-Esra, kürzer als Ibn Esra bezeichnet. Er widmete sich schon frühzeitig den Studien und war ein universeller Geist, der die arabische, syrische und hebräische Sprache beherrschte, der nicht nur in der Heilkunde, sondern auch in jüdischer Theologie, in Mathematik, in Astronomie und in Philosophie grosse Kenntnisse erworben hatte. Sein Wissensdrang trieb ihn zu ausgedehnten Reisen, auf denen er nach Frankreich, Italien, Griechenland, nach Palästina, Syrien und Persien kam. In Indien geriet er in Gefangenschaft, vermochte aber zu fliehen und gelangte nach England. Auf der Insel Rhodus soll er als 75jähriger Greis gestorben und begraben sein. Auf seinen Reisen hielt er gelehrte Disputationen und sammelte Material zu seinen Büchern. Von jenen medicinischen Inhalts ist eines erwähnenswert, das in neun Abschnitten die Heilkunde theoretisch und praktisch abhandelt.

Ibn Esra dürfte es in arabischer Sprache geschrieben haben; bekannter ist es in der hebräischen Uebertragung als Sefer hanisionoth.

Ausserdem lebten in dieser Zeit in Spanien als Aerzte Chasdai ben Jussuf Ebn Chasdai, Isaak Beklarisch, Abu Omar ben Kamenil. Zu Toledo gründete etwa 1140 Erbischof Raimund eine Uebersetzungsanstalt, an welcher vorzugsweise Juden in der Uebertragung arabischer Aerzte thätig waren; die Stadt war zu jener Zeit im nördlichen Europa als Sitz der schwarzen Magie mehr berüchtigt, als berühmt.

Der Erbe des Ruhms, den Avenzoar und Ibn Esra in der ersten Hälfte des zwölften Jahrhunderts auf sich vereinigt hatten, war aber in der zweiten Hälfte desselben Jahrhunderts Moses ben Maimon, genannt Maimonides. Ein Spanier von Geburt, übte er die Thätigkeit, welche seinen Ruhm begründete, ausserhalb seiner Heimat. Er war zu Cordova im März 1135 geboren, soll aber in Lucena seine Jugendzeit verlebt haben. Nach vollendetem Studium lebte er jedenfalls wieder in Cordova und bekleidete das Amt eines Richters. Doch litt es ihn hier nicht allzulange, weil die Almohaden, die im Jahre 1148 Cordova erobert und sich in der Stadt festgesetzt hatten, die Juden bedrängten, entweder den Islam anzunehmen oder auszuwandern. Maimonides begab sich nach Nordafrika und gelangte endlich im Jahre 1165 nach Aegypten, wo er ärztliche Praxis ausübte, ohne dadurch, wie es scheint, einen genügenden Lebensunterhalt gefunden zu haben. Als dann später die Türken die ägyptische Dynastie entthront hatten, lenkte der jüdische Arzt, welcher damals bereits durch seine tiefe Wissenschaftlichkeit und deren Frucht, sein grosses theologisches Werk, die Mischnah, die Bewunderung seiner Glaubensgenossen auf sich gezogen hatte, die Augen des Herrschers auf sich, und der Sultan Salaheddin Jussuf ben Ajub ernannte ihn 1171 zu seinem Leibarzt. Maimonides verblieb in diesem Amte bis zu seinem Tode 1205, den Juden und Nichtjuden mit gleicher Aufrichtigkeit der Gesinnung unendlich tief beklagten. Seit seiner Ernennung zum Leibarzte wuchs seine ärztliche Thätigkeit, und er schreibt selbst in einem erhaltenen Briefe an Samuel ibn Tibbon: „Als Leibarzt des Sultans liegt mir die Pflicht ob, mich jeden Tag mit dem Frühesten in das von meiner Wohnung ziemlich entfernte Hoflager zu begeben. Ist der Sultan selbst oder eines seiner Kinder oder eine seiner Gemahlinnen nicht krank, oder erfordert der eine oder andere von den vornehmen und ersten Hofbeamten nicht meinen Beistand als Arzt, so dass meine Gegenwart daselbst nicht den ganzen Tag über notwendig ist, so kehre ich jeden Mittag in meine Behausung zurück. Hier wird mir kaum so viel Zeit gestattet, mich von dem Wege zu erholen und etwas zu geniessen, weil Leute aus allen Ständen, Hoch und Niedrig, Reich und Arm, Juden und Nichtjuden, schon meine Ankunft sehnlichst erwarten, und nicht selten bin ich bis in die Nacht hinein beschäftigt, um nur jedem als Arzt nützlich sein zu können."

Ich kann es mir nicht versagen, zur Charakteristik dieses seltenen Mannes das Gebet hier einzufügen, das er morgens vor Aufnahme seiner Thätigkeit zu sprechen pflegte, — denn mehr, als alle Lobesworte und alle Einzelheiten seines Lebens, vermag es diesen jüdischen Arzt zu kennzeichnen, und heute nach siebenhundert Jahren noch muss es ein Echo in jedem fühlenden Herzen erwecken. Es lautet in der deutschen Uebersetzung Kaiserlings[11]) also: „Ich schicke mich jetzt an zu meinem Berufe. Stehe mir bei, Allmächtiger, in diesem grossen Unternehmen, dass es mir gelinge: denn ohne Deinen Beistand gelingt dem Menschen auch nicht das Kleinste! Gieb, dass mich besele die Liebe zur Kunst und zu Deinen Geschöpfen! Lasse es nicht zu, dass Durst nach Gewinn, Haschen nach Ruhm oder Ansehen sich in meine Thätigkeit mische: denn diese sind der Wahrheit und der Menschenliebe feind, und sie könnten auch mich irre leiten in meinem Berufe, das Wohl Deiner Geschöpfe zu fördern. Erhalte die Kräfte meines Körpers und meiner Seele, dass sie unverdrossen immerdar bereit seien, zu helfen und beizustehen, dem Reichen und dem Armen, dem Guten und dem Bösen, dem Feinde und dem Freunde. Lasse mich im Leidenden stets nur den Menschen sehen!"

Wie weit endlich das Denken dieses edlen Arztes seiner Zeit vorausgeeilt war, ersieht man z. B. aus dem Umstande, dass er die Sterndeuterei scharf verurteilte; denn er konnte als Wahrheit nur anerkennen, was durch einen klaren Beweis, wie in der Mathematik, bestätigt wird, was der Mensch mit seinen fünf Sinnen wahrnehmen kann, und was in den heiligen Büchern als Wahrheit überliefert ist — alle jene Behauptungen von Schicksalsbestimmungen durch die Gestirne aber, so lehrte er, sind keine Ergebnisse der Wissenschaft, sondern nur Ausgeburten der Thorheit. Man denke daran, dass Schiller seinen Wallenstein, der fast fünfhundert Jahre nach Maimonides lebte, mit

---

[11]) Allgemeine Zeitung des Judentums 1863.

einem Astrologen umgiebt und ihm selbst die Worte in den Mund legt „Die Sterne lügen nicht!"

Maimonides hat ausser seinen mustergültigen und unsterblichen theologischen Werken auch medicinische hinterlassen. Das umfangreichste und bedeutendste von diesen ist „Aphorismen zur Medicin" betitelt. Es sind Auszüge aus Hippokrates, Galen, Al-Razi u. s. w. in fünfundzwanzig Abschnitten, die, aus dem arabischen Urtext als Perke Mosche in das Hebräische übersetzt und dann auch in das Lateinische übertragen, noch 1489 und 1570 zu Bologna, bezw. zu Basel erschienen sind. Sehr geschätzt wird auch sein Werk über den Schutz der Gesundheit, das noch 1535 in lateinischer Uebersetzung als Tractatus de regimine sanitatis gedruckt worden ist. Ausserdem existieren von Maimonides ein Abriss aus den sechszehn Büchern Galens, eine Abhandlung über die Hämorrhoiden, die auch hebräisch übersetzt wurde, eine leicht verständlich geschriebene Darstellung der Gifte und der Vorbeugungsmittel medicinaler Vergiftungen, eine Arbeit über das Schnarchen etc. Auch in seinen nichtmedicinischen Werken finden sich Bemerkungen über die Heilkunde; so ist das 5. Capitel des 2. Bandes seiner Mischnah medicinischen Fragen gewidmet.

Da Maimonides unsern Blick nach Aegypten geleitet hat, so füge ich hier an, dass im Aegypten jener Zeit noch andere jüdische Aerzte zu Ansehen gelangten. Schon in der zweiten Hälfte des elften Jahrhunderts hatte sich Abu Said Ebn Hosaïn, genannt El-Thabib, als Verfasser eines Werkes über die Krankheiten des menschlichen Körpers und über die Mittel, sie zu verhüten, rühmlich bekannt gemacht. Später blühte unter den ägyptischen Juden die Heilkunde, und, als Al-Hakim eine Anschwellung des Fusses beseitigt sehen wollte, wusste ihm nur ein jüdischer Arzt zu helfen. Genannt werden in der ersten Hälfte des zwölften Jahrhunderts Abu'l Kheir Selama ben Rahmon und Abu Djafar Jussuf ben Achmed Ebn Chasdai, ein geborener Spanier, dessen Bekanntschaft mit den Werken des Galen und Hippokrates besonders hervorgehoben wird. Er war Arzt und Vertrauter des Vezirs El Mamun-Abdallah und verfertigte für diesen einen vielgelobten Commentar zu Hippokrates. Zur Zeit des Maimonides lebten in Aegypten Nathaniel Israëli, der auch am Hofe Salaheddins thätig war, und eine medicinische Topographie von Alexandrien verfasste, ferner Ebn al Sedid und Abu'l-Barakat. Nach Maimoni-

des wirkten in Aegypten dessen Sohn, der Leibarzt beim Vater
des regierenden Sultans war, auch am Hospital in Cairo seine
Kunst ausübte und etwa 1236 gestorben ist. Auch dessen Sohn,
der Enkel des grossen Maimonides, war Arzt in Cairo bis zum
Jahre 1300. Er ist bekannt unter dem Namen Rabbi David,
und auch seine beiden Söhne, Abraham und Salomon, blieben
dem ärztlichen Berufe treu. Ein Schüler von Maimonides
war Jussuf al Sebti, der, ehe er nach Aegypten kam, in der
afrikanischen Küstenstadt Sebta, seinem Geburtsorte, practiciert
hatte, bis ihn Judenverfolgungen von dort vertrieben; er starb als
Leibarzt des Sultans Al Dhahir von Aleppo, im Jahre 1226. Der
berühmte Dichter Charizi[12]) besingt diesen Arzt als Arzt, Mathe-
matiker und Philosophen. Mit ihm lebten in Aleppo Hanania
ben Bezaleel, Jehuda und Rabbi Finchas als geachtete
Aerzte.

Im Anschluss an diese ägyptischen Aerzte will ich noch
einige Zeitgenossen der jüngsten unter ihnen erwähnen. In
Marokko lebte nämlich in der zweiten Hälfte des zwölften Jahr-
hunderts in hohen Ehren am Hofe Jussufs der jüdische Arzt
Abu Bekr Mohamed Ebn-Zohar (gestorben 1199), dessen
Sohn als letzter Arzt der Familie Ebn-Zohar gilt. Im dreizehnten
Jahrhunderte errangen sich dann einige Aerzte aus der Sekte der
Samaritaner, welche nur die fünf Bücher Moses anerkannten und
streng auf Erhaltung ihrer Religion und ihrer heiligen Sprache
hielten, ähnliche Ehrenstellen. So ward der aus Aegypten gebürtige Muheddib-Eddin nicht nur Leibarzt, sondern sogar
Vezir des Sultans Almelik al Amdjad-Eddin; er war aber
unklug genug, seine hohe Stellung durch Bevorzugung seiner Sekte
zu missbrauchen und sich die Gunst des Herrschers und seines
Volkes zu verscherzen. Nach langer Haft verliess er das Land,
lebte in Damaskus als Arzt und starb dort 1227. Lieblingsarzt
des Sultans Almelik al Aschraf Musa wurde der Samaritaner
Sadaka, der auch einige medicinische Schriften verfasst hat und
1223 gestorben ist. Aus Damaskus stammte der Samaritaner
Abu'l Hassan, der bereits mit 18 Jahren fähig war, die ärztliche Praxis aufzunehmen; als er Leibarzt des Sultans al Amdjad
geworden war, trat er zum Islam über. Dieser Uebertritt brachte
ihm wenig Glück; denn er endete schliesslich durch einen un-
natürlichen Tod im Jahre 1251 in der Citadelle von Cairo. Er

---

[12]) Lebte zu dieser Zeit in Spanien: Reiselust trieb ihn weit in der
damals bekannten Welt herum.

war ein fleissiger Büchersammler und hinterliess eine Bibliothek von 10000 Bänden.

Mit Maimonides hatten wir Spanien verlassen und haben an seinem Wirkungsorte und dessen Umgebung in der zeitlichen Folge bereits das Jahr 1200 überschritten. Es ist Zeit, nach Spanien zurückzukehren. Denn auch in Spanien selbst finden sich unter den hervorragenden Aerzten des dreizehnten Jahrhunderts Juden. In Toledo wirkte Jacob, in Arragonien Josef Constantini, der durch seine Beredsamkeit berühmte Jehuda ben Isaak in Barcelona und zu Saragossa Bechaï ben Moseh, der neben seinem ärztlichen Berufe noch das Amt eines Oberrabbiners in seinem Wohnort bekleidete. Arzt Ferdinands des Dritten von Castilien war Salomon ben David. Ausser Josef Constantini lebte damals in Spanien auch ein Moses Constantini, dessen Sohn und Enkelsohn gleichfalls zu Aerzten sich heranbildeten, und neben dem Oberrabbiner von Saragossa wirkte auch dessen Bruder Salomon in dieser Stadt als Arzt. Sie alle überstrahlte an Gelehrsamkeit und Ruhm Moses ben Nachman, der 1194 oder 1198 zu Gerona in Catalonien geboren ward und sich in jugendlichem Alter nach Frankreich zu wissenschaftlicher Ausbildung begeben hatte. Wenngleich er wesentlich theologischen und philosophischen Studien oblag und vor allem in diesen Wissenschaften sich Unsterblichkeit verdient hat, so ist er doch auch unter den jüdischen Aerzten zu nennen: denn er hatte den medicinischen Unterricht Jehudas, der Professor an der medicinischen Falkultät von Montpellier war, genossen. Freilich hat er späterhin seine ärztlichen Kenntnisse kaum verwendet; es kann sogar sein, dass er infolge seiner theologischen Neigungen als Arzt den alten unwissenschaftlichen, kabalistischen Anschauungen huldigte. Der Nachmanide starb in Jerusalem 1267.

König Ferdinands Nachfolger, Alphonse der Weise, (1251—1284) war ein Freund der Künste und Wissenschaften und sammelte um sich eine auserlesene Schaar gelehrter Männer. Unter seinem milden Scepter gedieh darum die Medicin unter den Juden seines Landes. Er hatte selbst einen jüdischen Leibarzt, Jehuda Mosca, der in der Heilkunde sowohl, als in Astronomie und in Sprachen wohl bewandert war. Mosca übersetzte für Alphonse ein sehr altes anonymes Werk aus dem Arabischen in das Castilische; darin sind 360 Arten von Steinen, eingeteilt in zwölf Klassen, nach ihren Eigenschaften charakterisiert. Diese Uebersetzung bewahrt die königliche Bibliothek zu Rom auf. Mescholam ben Jona ist als Uebersetzer des Arabers Khalaf Ebn Abbas Abu'lkasem, (auch al Zaharabi genannt) zu nennen: er übertrug dessen „gesamte Heilkunde", welche die Medicin in einem theoretischen und einem praktischen Hauptabschnitt erörtert, als Sefer Chefez hascholaum in das Hebräische. Sowohl als Arzt, als auch als Dichter glänzte Ibrahim ben Sahl; um seiner erotischen Gedichte willen zog er sich den Hass seiner Glaubensgenossen zu und soll sogar von Anverwandten aus diesem Grunde vergiftet worden sein. Endlich ist aus den letzten Regierungsjahren Alphonse des Weisen und den ersten seines Nachfolgers Nathaniel ben Josef Almali zu nennen, der in Saragossa lebte.

Ueberhaupt regierten die Nachfolger des weisen Alphonse, Sancho IV., Ferdinand IV. und Alphonse XI., in seinem Geiste weiter. Unter ihrem Schutze lebte und wirkte Jakob ben Soschan und Abraham ben Schem-Tow, der ein Werk über specielle Pathologie und Therapie geschrieben hat. In Toledo war der aus Sevilla gebürtige Josef Ebn Sason bis zu seinem Tode (1336) als Arzt hochgeachtet. Sein Zeitgenosse war Abner von Burgos, auch Alphonse von Valladolid genannt, weil er hier bis zu seinem Tode im Jahre 1346 als Arzt praktizierte, während er aus Burgos gebürtig war. Er war ein sehr gelehrter Freigeist, welcher mehr zum Christentum als zu seiner durch Geburt erworbenen Religion neigte. Der schwärmerische Kabalist Todros Abulafia war Leibarzt und Schatzmeister Königs Sancho IV. bis 1295, und dieselbe Ehrenstelle wurde von Alphonse XI. (1312—1350) mit dem jüdischen Arzte Samuel Abenhuer besetzt, der aber seines Fürsten Gunst so verlor, dass er im Kerker endete. Samuels Zeitgenossen waren Meier Ebn Soschan und sein Sohn Isaak, der freilich schon als 25jähriger Jüngling starb (zu Toledo 1349), Abraham Ebn Makhir u. a. m. Als dann Peter der Grausame zur Herrschaft kam, ernannte er Abraham ibn Zarzal[13]) zum Leibarzt, und neben diesem lebte am castilischen Königshofe Josef Ebn Makhir, des eben genannten Abraham Sohn, der zu Toledo geboren war und hier 1362 starb. Pedros Nachfolger, Heinrich III. (1390—1406), hasste die Juden, und sie, die so lange in diesem

---

[13]) Carmoly nennt Pedros jüdischen Leibarzt Abdal-Hakhan; meine Angabe entnehme ich Münz, der sich auf Bédarride, les Juifs en France, en Italie et en Espagne beruft.

Lande glücklich gelebt hatten, erfuhren nun harte Bedrückungen. Die Grafen von Burgos hatten schon früher das Anwachsen des jüdischen Ansehens und Einflusses missgünstig bemerkt; aber auf ihren Wunsch, den Juden möge die Ausübung der Medicin verboten werden, war ihnen geantwortet worden, man könne ihnen nicht eine Wissenschaft verbieten, in welcher sie sich der Menschheit nützlich erwiesen hätten. Die Achtung vor den jüdischen Aerzten muss sich Heinrich III. trotz seiner judenfeindlichen Gesinnungen bewahrt haben; denn er ernannte einen Juden, Don Meier Alguadez, zu seinem Leibarzte. Dieser übersetzte die Ethik des Aristoteles aus einem arabischen Text in das Hebräische (1405). Als freilich sein königlicher Gönner gestorben war, beschuldigten ihn die Dominikanermönche (besonders Paul de Burgos, genannt Santa Maria,) der Hostienentweihung: die grausamsten Folterqualen, die damals im Namen der Gerechtigkeit üblich waren, erpressten dem unglücklichen Gelehrten ein falsches Geständnis, und Don Meier Alguadez wurde geviertheilt.

Wie in Castilien, gab es in Arragonien zu jener Zeit hochberühmte jüdische Aerzte. So liess sich in der Mitte des dreizehnten Jahrhunderts Graf Alphonse von Poitou, ein Bruder Ludwigs IX., zur Heilung seines Augenleidens einen Juden aus Arragonien kommen. Um das Jahr 1300 lebte in Saragossa Samuel Benvenaste, der die Abhandlung des Maimonides über Asthma und seine Behandlung in die hebräische Sprache übertragen hat; später scheint er in Tarragona wohnhaft gewesen zu sein. In dieser Stadt wirkte in hohen Ehren als Arzt auch Schem Tow Sprot, welcher das Licht der Welt zu Tudela in Navarra erblickt hatte. Er hatte eine öffentliche Disputation mit dem Kardinal Peter von Luna im Jahre 1375, deren Protokoll als Sefer Havikhuach sich erhalten hat. Etwa 1385 schrieb er einen Kommentar zum Kanon Avicennas.

In Catalonien zeichnete sich in der Mitte des vierzehnten Jahrhunderts Abraham ben David Caslari aus, der aus einem kleinen Städtchen dieses Landes, Besalu, stammte. Er schrieb unter anderen medicinischen Abhandlungen eine Arbeit über pestartige Fieber, deren Entstehung in das ganz Spanien verheerende Pestjahr 1349 fallen dürfte. Sein Zeitgenosse war Don Elieser Cohen Ebn Ardot. In Barcelona, wo auch in dieser Zeit noch die Rabbiner sich dem ärztlichen Berufe ergaben, war in der zweiten Hälfte des vierzehnten Jahrhunderts der

Oberrabbiner Nissim ben Ruben Girundi ein gesuchter Praktiker; noch grösseren Ruhms erfreute er sich allerdings als Theologe durch seine Arbeiten über den Talmud u. a.

Endlich treten in dieser Blütezeit jüdischer Aerzte auf der pyrennäischen Halbinsel auch Portugiesen auf. Portugal war anfangs eine kastilische Grafschaft, bis sich der burgundische Graf Heinrich, der sie von Alphonse XI. als erbliches Lehen empfangen hatte, nach dem Tode seines Königs 1109 als selbstständig erklärte. Unter Dinis dem Gerechten (1279—1325) und Alphonse dem Kühnen, der nach ihm bis 1357 herrschte, erhob sich Portugal zu bedeutender Macht. Von dieser Zeit an finden sich auch in Portugal Juden und unter diesen Aerzte. Noch unter Dinis war in Portugal Don Ghedalja Ebn Jahya geboren worden und ward dessen Leibarzt; später gewann er das Vertrauen und das Wohlwollen König Ferdinands des Vierten von Castilien und lebte als dessen Leibarzt, bis er zu Toledo, wo sein Sohn David Rabbiner war, starb. Ein anderer jüdischer Arzt von Ansehen war Salomon ben Moseh Scholom, welcher eine Abhandlung über Fieber aus der Feder Antons von Padua in das Hebräische übersetzte. Eines ganz besonderen Einflusses konnte sich Don Moseh als Leibarzt Ferdinands I. und des Nachfolgers dieses Königs, Johannus I. (1385—1433), rühmen. Als Papst Bonifaz IX. 1389 eine Bulle gegen die Bedrückung der Juden erlassen hatte, in der er den Christen verbot, die Juden in der Ausübung ihrer Religion zu stören, ihre Gräber zu beschädigen und ihnen besondere Steuern aufzuerlegen, bestimmte der jüdische Leibarzt König Johann, auch in seinem Lande eine Verordnung zum Schutze der Juden zu erlassen (1392). Don Moses ähnlich an Eifer, seine Glaubensgenossen vor Verfolgungen zu schützen, zu welchen Fernando Martinez, von Ort zu Ort ziehend und Judenhass mit flammenden Worten predigend, um das Jahr 1400 aufreizte, war der jüdische Arzt Profiat Duran, Efodi genannt. Freilich war er weniger glücklich, als jener, und die scharfe Befehdung Fernandos hatte für ihn selbst zur Folge, dass man ihn zur Annahme des Christentums zwang. Da wanderte er nach Palästina aus und warf den aufgedrungenen Glauben fort, um unbehindert seinem alten Gotte zu dienen.

VII. Die Hochschulen von Montpellier und Paris.

Im vorhergehenden Abschnitt ist die Gründung der Hochschule von Salerno auf italischem Boden besprochen worden, und ich habe dargelegt, welchen Anteil daran jüdische Aerzte hatten. Es ist Zeit, der Nebenbuhlerin Salernos auf Frankreichs Gefilde zu gedenken, ehe wir noch weiter im Mittelalter vorschreiten.

Bereits im neunten Jahrhunderte gab es in Frankreich jüdische Unterrichtsanstalten, an denen auch Heilkunde gelehrt wurde: die bedeutendsten waren in Arles und in Narbonne. In der letztgenannten Stadt stand um das Jahr 1000 der Rabbi Abon der jüdischen Schule vor. Die Rabbiner waren um diese Zeit zum grossen Teile Aerzte; denn die gesamte Heilkunde befand sich in einer Stagnation, in einer Zeit des Stillstandes, welche nichts zu den Erkenntnissen früherer Zeit hinzuzufügen wusste und bescheiden genug war, sich mit den Ergebnissen der gelehrten Vorfahren zufrieden zu geben. Wer also Arzt sein oder werden wollte, musste die Weisheit Galens und Hippokrates sich zu eigen machen, und, weil, wie ich schon einmal betont habe, deren Werke, im Urtext unverständlich geworden, in arabischen, syrischen oder hebräischen Uebersetzungen und Commentaren studiert werden mussten, so hatten das medicinische Studium eben diejenigen am leichtesten, welche am besten jene Sprachen verstanden, und das waren die Rabbiner der jüdischen Gemeinden: „Die orientalischen Sprachen" sagt Cabanis[14]) „waren ihnen vertraut, und in einer Zeit, in der Galen, Hippokrates und die anderen Väter der Heilwissenschaft im Abendlande nur in den arabischen und syrischen Uebersetzungen bekannt waren, waren die Juden fast die einzigen, welche Krankheiten nach einer gewissen Methode zu behandeln wussten, dadurch dass sie aus den Arbeiten des Altertums Nutzen zogen." So war also auch Rabbi Abon zu Narbonne der Heilwissenschaft kundig und erzog in seiner Schule junge Israëliten zu Aerzten. Einer seiner Schüler, dessen Namen der Nachwelt nicht überliefert wurde, scheint etwa 1025 nach Montpellier, welche Stadt im neunten Jahrhunderte begründet sein mag, gekommen zu sein und eine jüdische Schule errichtet zu haben. Diese ist die Grundlage zur Hochschule von Montpellier geworden, so weit die spärlichen Nachrichten über deren Ursprung reichen. Jedenfalls wurde anfangs, ähnlich wie in Salerno, auch hier in arabischer und hebräischer Sprache unterrichtet. Der Gebrauch der lateinischen oder provençalischen Sprache ist mit Sicherheit erst im zwölften

---

14) Revolution in der Heilkunde, II. Capitel §. 8, citiert nach Carmoly.

Jahrhunderte nachzuweisen, zu einer Zeit, in der die medicinische Fakultät von Montpellier bereits hochberühmt war. Und wie in Salerno, so gab es hier zahlreiche jüdische Lehrer und Schüler; Jehuda babe ich bereits als Lehrer und Moses ben Nachmann als dessen bedeutendsten Schüler genannt. Die Juden waren in Montpellier den weltlichen Behörden unterstellt. Zeitweise scheinen ihnen diese im zwölften Jahrhunderte Schwierigkeiten in der Ausübung der ärztlichen Thätigkeit bereitet zu haben; wenigstens wird von Wilhelm VIII. berichtet, dass er im Jahre 1180 wieder jedermann Studium und Lehre der Medicin in der Fakultät von Montpellier freigegeben habe.

Einzelne Namen sind uns aus der ersten Epoche des Aufschwungs der Schule von Montpellier nur wenige überliefert worden. Ausser Jehuda kennen wir den Lehrer dieses Mannes Isaak ben Abraham. Ein anderer jüdischer Professor war dort Jakob Hakoton, welcher die hebräische, arabische, lateinische und provençalische Sprache beherrschte. Die chemals königliche Bibliothek in Paris besitzt von diesem Arzte eine Uebersetzung der Pharmakopoë von Montpellier, deren Autor, der Doktor Nikolas, zur Zeit des Jehuda mit diesem gemeinsam Vorsitzender (Dekan) der medicinischen Fakultät war; es finden sich darin 181 Receptcompositionen. Wahrscheinlich Schüler von Montpellier war Meschulam le médecin, der von hier nach Troyes in der Champagne kam und dort Verkehr mit dem berühmten Raschi pflegte. Dieser Mann, den die Franzosen als prince des commentateurs verehrten (besonders um seines Talmudkommentars halber), war in Troyes 1043 geboren und starb ebendaselbst im Juli 1108 — also muss auch Meschulam um diese Zeit gelebt haben. Raschi, mit dem vollen Namen Rabbi Salomon ben Isaak, war übrigens selbst ärztlich gebildet, und sein Talmudkommentar enthält gerade über Medicin viele Notizen. Aus späterer Zeit ragt unter den jüdischen Schülern der Fakultät von Montpellier Samuel Aben-Tibbon, der Sohn eines spanischen Emigranten, den wir noch kennen lernen werden, hervor. Er ist der beste Interpret arabischer Schriftsteller in hebräischer Sprache. Die Werke des Maimonides, von ihm übersetzt, wurden noch 1601 in Venedig gedruckt. Auch Originalarbeiten schrieb er, doch wohl nur philosophischen Inhalts. Samuel Aben-Tibbon war in Lunel geboren, practicierte daselbst und starb auch in dieser Stadt (1239). Ein Schüler dieses Arztes, später sein Schwiegersohn, war Jakob ben Abba-Mari in Marseille, wo seine Familie im höchsten Ansehen stand; eine Zeit lang lebte er auch in Beziers und in Narbonne, bis ihm die seltene Auszeichnung widerfuhr, im Jahre 1232 zu Kaiser Friedrich II., dem edelen Sprossen aus dem Hause der Hohenstaufen, nach Neapel berufen zu werden. Dieser hochgebildete Fürst, der ja ein Freund und Gönner aller Musen war, überhäufte den jüdischen Arzt mit Ehrenbeweisen und Geschenken. In Neapel fertigte Jakob ben Abba-Mari eine Uebersetzung eines astronomischen Werks des Ptolomäus und des zugehörigen Commentars von Ebn-Roschd in die hebräische Sprache an. Eine andere seiner Uebersetzungen, ebenfalls astronomischen Inhalts, hat nach dem Manuscript der vatikanischen Bibliothek Christmann 1590 zu Frankfurt in lateinischer Uebertragung erscheinen lassen.

Nach Samuel Aben-Tibbon werden die jüdischen Schüler von Montpellier wieder seltener, weil Kirchengesetze den Juden abermals die Ausübung der ärztlichen Praxis erschwerten. 1246 verbot das Konzil zu Beziers den Christen, sich jüdischer Aerzte zu bedienen, und 1254 wiederholte dies Verbot das Konzil von Alby, bis endlich 1306 Philipp der Schöne, der despotischste Fürst aus dem Hause der Valois, (1285—1314), zu seinen Gewaltakten gegen England, gegen Papst Bonifaz VIII. u. s. w. noch eine Judenverfolgung hinzufügte, um sich mit dem Vermögen dieser Unterthanen zu bereichern, und also auch aus Montpellier die jüdischen Aerzte, Lehrer und Studenten, vertrieb. Noch im Jahre 1300 war ein Jude, Profatius, aus der Gemeinde Marseille, Dekan der medicinischen Fakultät von Montpellier gewesen. Dieser Profatius war auch ein ausserordentlich kluger Astronom, der mathematisch-astronomische Tabellen aufzustellen wusste und einen Kalender berechnen konnte ; berühmt und von den meisten späteren Astronomen, so von Copernikus, citiert ist seine Beobachtung der grössten Abweichung der Sonne vom Aequator, welche er im Jahre 1303 mit 23o 32′ berechnet hatte.

Diese Verfolgung der Juden aus Montpellier empfing ihren ersten Anstoss aus Paris. Die dortige Universität ist gewiss uralt: man führt ihren Ursprung auf Karl den Grossen zurück. Allein sie hatte nur Bedeutung für Philosophie und Theologie ; die medicinische Fakultät von Paris hat erst im sechszehnten Jahrhunderte grösseren Einfluss auf die Entwicklung der Heilwissenschaft gewonnen. Aber die Eifersucht der Pariser auf die Schule von Montpellier, deren Glanz den der Pariser medicinischen Fakultät weit überstrahlte, wurde schon im dreizehnten Jahrhunderte rege, und, weil diese Schule von Juden gegründet und in der Folge lebhaft von ihnen besucht wurde, so wurde aus dieser Eifersucht sehr bald Hass gegen die Juden. Ich bemerke dabei, dass in Paris selbst zu dieser Zeit wenig jüdische Aerzte lebten. Genannt werden am Ende des dreizehnten Jahrhunderts die Aerzte Copin und Mossé; auch eine jüdische Aerztin Sarah wird erwähnt. Grössere Bedeutung hatten der in der Nähe von Paris lebende Rabbi Isaak, ein Freund jenes Arnold von Villanova, der von 1235—1312 lebte und als Vorkämpfer des erwachenden Dranges nach freier Forschung unsterblich geworden ist, und dessen Sohn und Schüler Vital; Isaak genoss besonderen Ruf als Wundarzt. Im Jahre 1301 verbot also die Fakultät von Paris, Männern und Frauen mosaischer Konfession neben katholischen Aerzten die Ausübung der Heilkunde zu betreiben. Darauf begannen die Priester in Montpellier gegen die jüdischen Aerzte zu agitieren und gingen schliesslich so weit, Beichtkinder, welche sich eines jüdischen Arztes bedient hatten, zu exkommunicieren; sie verleumdeten die jüdischen Aerzte und ziehen sie der Unfähigkeit, Kranke zu behandeln. Im Jahre 1331 bewogen diese fanatischen Mönche Jacques, Graf von Rousillon und Sardinien, von neuem zu verordnen, dass als Arzt nur thätig sein dürfe, wer nach bestandener Prüfung vor der Fakultät von Montpellier dazu die Erlaubnis erhalten habe; da den Juden damals das Studium, ja der Aufenthalt in Montpellier noch verboten war, ist es ersichtlich, wen dieses Dekret betraf. König Philipp VI. bestätigte noch im Jahre 1331 diese Verordnung. Schon vorher hatte sich auch das Konzil zu Avignon (1326) gegen die Zuziehung jüdischer Aerzte und Wundärzte an das Krankenbett von Christen ausgesprochen, und ein zweites Konzil von Avignon (1337) und das von Rouergue (1336) vertraten die gleiche engherzige Anschauung.

Die französische Bevölkerung willfahrte aber durchaus nicht immer diesen Verordnungen. Ausser den genannten Pariser Aerzten practicierten zur Zeit dieser Bedrückungen in Frankreich Ischanan Jarchuni, der eine Arbeit über den Urin verfasst hat, und Nathan ben Samuel, der namentlich als geschickter Lehrer die Verbreitung medicinischer Kenntnisse unter der jüdischen Jugend förderte.

Im Jahre 1360 durften die Juden wieder in die Städte Frankreichs, aus denen sie verbannt gewesen waren, zurückkommen. König Johann I., welcher damals aus der vierjährigen englischen

Gefangenschaft in sein Land zurückkehrte, erneuerte aber in diesem Jahre die Bestimmung, dass nur geprüfte Aerzte praktizieren dürften. Der unter den christlichen Berufsgenossen einmal wachgerufene und noch nicht vergessene Hass gegen die Juden mag allerdings manchem derselben die Staatsprüfung nach bestem Können erschwert haben. Aber den Segen einer solchen Verordnung werden wir trotzdem anerkennen, und es mag sogar wahr sein, dass sich gerade unter den Juden durch die unsicheren Verhältnisse, in denen sie ein halbes Jahrhundert in Frankreich gelebt hatten, „statt Aerzte Quacksalber und Pflasterstreicher, die manch' leichtgläubigen Bürger und Bauer betrogen, und denen er Verstümmelung, Krankheiten oder gar den Tod verdankte" [15]) vorfanden. Jedenfalls gab es sehr bald wieder an den Schulen von Montpellier, von Narbonne und Carcassonne jüdische Aerzte. Das Konzil von Lavour (1368), welches die alten Konzilbeschlüsse sich aneignete, vermochte nichts daran zu ändern, und besonders in Montpellier muss die Zahl der jüdischen Aerzte unter der Regierung Karls V. und Karls VI., also in der ganzen zweiten Hälfte des vierzehnten Jahrhunderts, sehr gross gewesen sein. Namentlich werden genannt als bedeutende Aerzte im damaligen Frankreich Salomon ben Abigdor und Messulam ben Abigdor, welche beide auch schriftstellerisch thätig waren, Jakob Lunel und der als Chirurg berühmte Dolan Bellan. Während die beiden Abigdors in Montpellier lebten, waren die beiden letztgenannten Aerzte in Carcassonne. Hier lebte auch Leo Josef, welcher beide übertraf und uns eine Uebersetzung der medicinischen Werke Johanns von Tornamira und Gerhards von Solo hinterlassen hat. Jekuthiel ben Salomon wirkte in Narbonne und übersetzte die Practica medicinae des Franzosen Bernhard Gordon, unter den ziemlich wertlosen scholastischen Compendien des Mittelalters eines der wertvollsten, in das Hebräische (1387). Auch ein anderer jüdischer Arzt, Jehuda ben Salomon, ist als Uebersetzer Gordonscher Werke bekannt. Vielleicht waren Jekuthiel und Jehuda Brüder, welche sich in die Uebersetzung der Werke jenes Lehrers von Montpellier geteilt haben. In der Provence hatten jüdische Aerzte sogar wieder Zutritt in die Paläste der Grossen; wenigstens wurde 1369 Baruch Abin zur Königin Johanna aus Arles berufen, und die hohe Frau lernte den Juden so hoch schätzen, dass sie ihn und seine Nachkommen von jeglicher Steuer frei

---

[15]) S. Lilienthal, Die jüdischen Aerzte, pag. 19; J. D. München 1838.

erklärte. Auch Papst Clemens VI. und Urban V. hatten einen jüdischen Leibarzt, der sich als Uebersetzer der Chirurgie des Guy von Chauliac, des berühmtesten chirurgischen Schriftstelles des vierzehnten Jahrhunderts,[16]) ausgezeichnet hat. Das Interesse für die Chirurgie, welche damals anfing, eine selbstständige und rationelle Wissenschaft aus einem durch Uebung erlerntem Gewerbe zu werden, war überhaupt unter den jüdischen Aerzten Frankreichs in jener Zeit sehr lebhaft. Besonders war das in Paris der Fall, wohin 1295 aus Mailand Lanfranchi als Apostel der chirurgischen Wissenschaft, der auf ihre Entwicklung in Frankreich den grössten Einfluss gewann, gekommen war. Die jüdischen Schüler desselben übersetzten sein grosses Lehrbuch der Chirurgie in das Hebräische als Chokma-Nischlemath Bemelekhath Hajad; das Manuskript dieser ungedruckten Uebersetzung bewahrt noch die Pariser Bibliothek auf.

Wahrscheinlich entstammen die jüdischen Aerzte, welche in Belgien zuerst im vierzehnten Jahrhunderte auftreten (Abraham le Mirre, Maistre Sause, Lyon, Elie u. a.), auch den französischen Schulen, weil der Ursprung der belgischen Juden überhaupt auf Frankreich zurückführt.

Auch im benachbarten Savoyen werden am Ausgang des vierzehnten Jahrhunderts jüdische Aerzte erwähnt, obschon zu Beginn desselben die Herzöge dieses Landes die Juden vertrieben hatten. Zur Behandlung der Wittwe des Herzogs Amadeus VI. wurden Isaak von Amessi und Jakob von Ciamberi berufen (1388).

VIII. Der Niedergang der jüdischen Medicin im Orient und in Spanien.

Als das erste Jahrtausend nach Christi Geburt sich seinem Ende näherte, war die Blüte Arabiens verwelkt. Die Khalifen untergruben selbst durch Energielosigkeit und Ueppigkeit den besten Teil ihrer Kraft, bis ihren unfähigen Händen das weltliche Scepter entsank und ihnen nur noch die Würde eines geistlichen Oberhauptes übrig blieb. Das Reich zerfiel — Tunis und Fez erklärten sich selbstständig. Aegypten folgte diesem Beispiel, und um das Jahr 1000 löste sich auch im Osten Persien als unabhängiges Reich ab. Aus diesen unerfreulichen politischen Ver-

---

[16]) Guy von Chauliac selbst wird auch als Leibarzt dieser in Avignon residierenden Päpste bezeichnet. Seine Werke dienten noch im siebzehnten Jahrhunderte als chirurgischer Leitfaden.

hätnissen folgt ohne weiteres der Verfall der einst so blühenden arabischen Wissenschaften. Sie suchten ein neues Heim, in dem sie fröhlicher in friedlicher Entwicklung zu gedeihen vermochten, und, wir haben bereits gesehen, wie das Saatkorn wissenschaftlichen Eifers vom arabischen Heimatlande in alle Welt gen Westen getragen wurde und dort, von neuem befruchtet, zu herrlicher Blüte gedieh.

Aus jener Zeit des Niedergangs der jüdischen Medicin im Orient sind natürlich nur wenige Aerzte von einiger Bedeutung zu erwähnen. Im elften Jahrhunderte war der einflussreichste unter jenen Aerzten Isaak von Bagdad, welcher unter dem Titel Adoniat al Mofredat ein Werk über einfache Heilmittel verfasst hat; er wird auch Ben Amran genannt. Auch ein Rabbi Asaf gewann damals noch grosses Ansehen; er hinterliess im Manuskript ein Sefer Refuoth d. h. „Buch der Heilung". Weil er sein Buch in hebräischer Sprache geschrieben hatte, war er bei den Arztrabbinern Europas ein vielgelesener Autor.

Aus dem zwölften Jahrhunderte verdient Hebat-Allah, mit seinem jüdischen Namen Nathaniël, hervorgehoben zu werden. Er war in Basra geboren und kam in jungen Jahren nach Bagdad. Dort schloss der bedeutendste der medicinischen Lehrer, ein Mohamedaner, damals Juden und Christen von seinen Vorlesungen aus; Nathaniel war aber so von Wissensdrang beseelt, dass er den Diener des Professors bestach und sich von ihm ein Versteck anweisen liess, aus dem er die Lehren des Arztes vernehmen konnte. Man erzählt, eines Tages habe dieser eine Frage an seine Schüler gerichtet, welche keiner beantworten konnte — da sei der junge Israëlit aus seinem Versteck hervorgetreten und habe die richtige Antwort durch Citieren einer Stelle aus Galen gegeben, und nun habe der überraschte Professor ihm erlaubt, öffentlich seine Vorlesungen zu besuchen. Nathaniël erwies sich dessen würdig: denn er erlangte später einen so hohen Ruhm als Arzt, dass man ihm den Ehrentitel Aouhad el Zaman d. h. Einziger seiner Zeit gab. Leider war sein Charakter geringer, als sein Wissen. Denn, als er einst vom Krankenlager eines seldschuckischen Sultans, den er von schwerer Krankheit geheilt hatte, reich belohnt nach Bagdad zurückkehrte und dort bemerkte, dass es Leute gab, die ihn als Juden trotz seines Ruhmes gering schätzten, suchte er sich deren Achtung dadurch zu erzwingen, dass er sein Judentum ableugnete und Mohamedaner wurde. Aber er teilte das Loos fast aller Convertiten — die Mohamedaner achteten Hebat-Allah nicht höher, als Nathaniël, und die Juden verachteten den ruhmgierigen Mann. So wurde er noch im Leben vergessen und starb als 80jähriger Greis, verlassen, arm, blind und taub im Jahre 1164. Seine Zeitgenossen waren Abu-Mona ben Abu Nasr, Kouvin zubenannt, zu Haran, der ein in sieben Kapiteln eingeteiltes Werk über Zubereitung und Aufbewahrung einfacher und zusammengesetzter Medikamente schrieb, und Rabbi Zadok zu Damaskus. Noch grösser war der Ruhm des Ebn-Zakeriyya; besonders die Tiefe seiner Beobachtungen und der Umfang seines Wissens werden gelobt. Er war Rat und Leibarzt von Mourreddins Sohn, der 1181 zu Aleppo starb.

Im dreizehnten Jahrhunderte überragte alle Aerzte des asiatischen Ostens ein Jude, der sich den Ehrentitel Saad Eddaula, d. h. Säule des Reichs, erwarb. Er war Arzt am Hofe des persisch-mongolischen Grosschans Argun und stieg so in der Gunst seines Herrn, dass er sein Premierminister wurde. Denn Saad Eddaula hatte nicht allein den Grosschan von schwerer Krankheit geheilt, sondern hatte ihn aus ehrlicher Mannesfreiheit auch auf die schlechte Finanzwirtschaft im Reiche hingewiesen. Zum Minister ernannt, führte er ein straffes Regiment und zog sich durch seine Strenge gegen die gewissenlosen Beamten sehr bald eben so viel Hass beim Volke zu, als Hochachtung bei seinem Fürsten. Die Juden blickten natürlich voll Begeisterung und Verehrung zu Saad Eddaula auf und erfreuten sich unter seiner Amtsführung einer selten glücklichen Lage. Dieser Umstand vermehrte aber den Hass unter den Moslim, und, als 1291 der Grosschan von schwerer Krankheit trotz aller Sorgfalt seines Leibarztes nicht mehr genas, brach ein Aufstand gegen den verhassten Mann aus; er starb unter den Händen muselmännischer Mörder, und seine Glaubensgenossen zahlten ihr kurzes Glück mit einem fürchterlichen Blutbade. Saad Eddaula hatte dies vorausgesehen, und als er den hoffnungslosen Zustand Arguns erkannt hatte, hatte er den in der Ferne weilenden Sohn desselben eiligst gerufen — aber der Tod traf rascher ein, als der Prinz, der die Ermordung des Arztes hätte verhüten können.

In späterer Zeit versank in jenen Ländern die Wissenschaft ganz im Lärme kriegerischer Ereignisse, welche bereits der Dschingis-Chan Temudschin mit seinen wilden bis nach Europa vordringenden Horden im Beginne des dreizehnten Jahrhunderts eingeleitet hatte. Zur Zeit von Arguns Tod brach dann der Feuerbrand des Kriegs im grossen Mongolenreiche selbst aus und erstickte das spärlich glimmende Licht der Wissenschaft, so dass dem späteren Eroberer Timur Lenk, der die tartarisch-mongolische Herrschaft noch einmal bis zum Mittelmeer und bis zum Ganges ausdehnte, kaum ein Rest der alten hohen Kultur zu zerstören übrig geblieben sein wird.

Wenn also in jenen östlichen Ländern rohe Gesinnung und grausame Kriegsführung mit allen Wissenschaften auch der Medicin der Juden ein Ende setzten, so beseitigten in Spanien, wohin sich mit den Juden aus Arabien die Wissenschaft geflüchtet hatte, und wo, wie wir gesehen haben, Jahrhunderte lang das Ansehen jüdischer Aerzte zum Gedeihen und Ruhme des schönen Landes redlich beigetragen hatte, gewaltsam ungezügelter Despotismus und blinder Fanatismus die Ausübung der Heilkunde durch die Juden. Schon unter Alphonse X. war 1250 in Castilien von einem Priester die Blutbeschuldigung gegen die Juden erhoben worden; allein dem lügnerischen Pfaffen trat ein wahrheitsliebender Priester, Pater Thomas, entgegen, und der weise Fürst erklärte die Behauptung, dass die Juden ohne Christenblut nicht das Passah-(Oster-)fest feiern könnten, weder für eine kluge, noch für eine dumme, sondern für eine verrückte. Wie in diesem bestimmten geschichtlichen Faktum, so waren es überhaupt die Priester, welche den Hass gegen die Juden schürten und ganz besonders den Hass gegen die jüdischen Aerzte; denn die Mönche begannen damals selbst sich für die Heilkunde zu interessieren, und in ihrem Bestreben, zu ärztlichem Ansehen zu gelangen, waren die Juden, welche in jener Zeit ja fast allein die wissenschaftliche Medicin vertraten und durch ihre Gelehrsamkeit gerade als Aerzte die höchsten Stufen irdischer Ehrenstellen erstiegen, die schlimmsten und am schwersten zu überwindenden Nebenbuhler. Unter Heinrich III. hatten diese unchristlichen Bemühungen besseren Erfolg; wir haben gesehen, wie dieser Fürst aber wenigstens die jüdischen Aerzte noch schützte, — wir haben aber auch erfahren, wie sich die Mönche an ihrem glücklicheren Nebenbuhler, dem Leibarzte Don Meier Algnadez, nach Heinrichs Tode grausam rächten. Schon vorher hatten die eifernden Predigten des Erzbischofs Niebla einen Pöbelhaufen in Sevilla dazu begeistert, die Häuser der Juden zu überfallen und die unglücklichen Bewohner tot zu schlagen oder zur Taufe zu zwingen. Leidenschaft strömt fort wie brennendes Oel; also folgten dieser Schandthat bald ähnliche in Valencia, Toledo,

Cordova und Barcelona. Insbesondere in Toledo kam es 1445 zu einem furchtbaren Volksaufstande, der sich wesentlich gegen die Juden wendete, und im Gefolge desselben bestimmte die Regierung, dass selbst bekehrte Juden keine Staatsstelle mehr bekleiden sollten, ein Beschluss, der erst durch eine scharf drohende Bulle des Papstes Nikolaus umgestossen wurde. Die Synagoge von Toledo, die schönste in Spanien, war bereits 1411 in eine Kirche umgewandelt worden.

Kann es also Wunder nehmen, wenn spanische Juden es vorzogen, dieses ungastliche, undankbare Land zu verlassen? Schon um die Jahreswende des zwölften und dreizehnten Jahrhunderts finden sich spanische Emigranten und unter diesen jüdische Aerzte in Südfrankreich. Jehuda Aben Tibbon, der Vater des Samuel Aben Tibbon, den wir als Schüler der Hochschule von Montpellier kennen gelernt haben, war aus Granada dorthin gekommen und erwarb sich bald den Ruf eines tüchtigen Arztes. Er selbst berichtete in seinem Testamente, dass er von Fürsten, von Rittern und von Bischöfen gesucht und sogar über das Meer geholt worden sei. Seine Berufsgenossen nannten ihn Abi hamaatikim d. h. Vater der Uebersetzer, weil er zahlreiche Werke, meist grammatischen oder moralphilosophischen Inhalts, aus dem Arabischen in tadelloses Hebräisch übertragen hatte. Erhalten hat sich u. a. von ihm ein Brief an seinen Sohn Samuel, den er auffordert, sich jede Woche einen Tag mit Pharmacie, besonders mit pharmaceutischer Botanik, zu beschäftigen und nur Arzneimittel in Anwendung zu ziehen, deren Eigenschaften er genau kenne. Daraus darf man schliessen, dass damals der jüdische Arzt noch, wie in Arabien, zugleich sein Apotheker gewesen ist. Nach Narbonne kam etwa gleichzeitig der Arzt Josef ben Isaak ben Kimchi aus Spanien, der als Dichter fast noch berühmter, denn als Arzt war. Etwas später lebte und wirkte in Marseille Schem Tow ben Isaak, der aus Catalonien nach Frankreich gekommen war (geboren 1196) und erst als dreissigjähriger Mann das Studium der Medicin aufgenommen haben soll. Kurz vor seiner Niederlassung in Marseille hatte er sich noch in Montpellier aufgehalten. Er wurde gesuchter Praktiker und zeichnete sich durch die Uebersetzung der Werke des Al Zaharabi aus dem Arabischen in das Hebräische aus (Sefer haschimusch); er fügte eine Einleitung hinzu, in der er den angehenden Aerzten Ratschläge über das Benehmen am Krankenbett giebt. Auch die Werke des Almanzor übersetzte er (1264);

dieses Manuskript besitzt die vatikanische Bibliothek. Endlich übertrug er als Sefer hanefesch die Abhandlungen des Aristoteles über die Seele. Sein Zeitgenosse war **Salomon ben Josef ben Ayub**, der aus Granada nach Beziers gekommen war; er verfasste eine seiner Zeit geschätzte Abhandlung über die Hämorrhoiden, deren Manuskript die Pariser Bibliothek noch aufbewahrt.

Doch hielten auch im vierzehnten Jahrhunderte die Juden in Spanien ihren Widersachern Stand. Gewissermassen zwischen diesen und den Emigranten steht **Simon ben Zemach Duran**, der seinen Wirkungskreis Arragonien verliess, um in Algier, wo die Heilkunde zu seinen Lebzeiten (1360—1444) sehr darniederlag, ein ausgiebigeres Feld seiner Thätigkeit zu finden. Dort wählte man ihn zum Oberrabbiner, um ihn dauernd an Algier zu fesseln, und gab seiner Verehrung für den gelehrten Mann, der am liebsten in der Einsamkeit seinen Gedanken nachhing, dadurch beredten Ausdruck, dass man ihn Simon den Grossen nannte. Von kulturhistorischem Interesse ist es, zu bemerken, dass dieser Oberrabbiner von Algier der erste Rabbiner gewesen ist, der, historisch beglaubigt, von seiner Gemeinde ein festes Gehalt bezog; dass er es annahm, entschuldigte er selbst damit, dass er vermögenslos nach Afrika gekommen sei und ihm die Ausübung der ärztlichen Praxis unter den Berbern keine genügenden Existenzmittel gewähre. Simon Duran hat eine grosse Anzahl Werke verfasst; doch kennen wir aus teilweise noch vorhandenen Handschriften nur solche philosophischen und theologischen Inhalts, nicht aber solche aus dem Gebiete der Heilkunde.

In Spanien blieb zu Beginn des fünfzehnten Jahrhunderts **Salomon ben Abraham Ebn Daoud**, der auf Grund der Lehren des Avicenna und Averroës ein Buch über die gesamte Medicin verfasste, eingeteilt in sieben Kapitel. Das erste lehrt die Anatomie, das zweite die Physiologie („die Gesundheit und die gute Anwendung der Körperteile"). Im dritten werden die Krankheiten und Gebrechen des menschlichen Körpers aufgezählt; ihre Symptomatologie und Prognose teilt das vierte Kapitel mit. Das fünfte Kapitel umfasst Diätetik und Arzneikunde; das sechste Kapitel giebt Anleitung, den Körper gesund zu erhalten und das letzte Vorschriften, den kranken Körper gesund zu machen. Ein Zeitgenosse dieses Arztes war **Jakob von Toledo**; er ist Verfasser einer Arbeit über den bösen Blick der Zauberer, der ja namentlich in ätiologischer Hinsicht das ganze Mittelalter hindurch für bedeutungsvoll erachtet wurde. In Toledo lag damals dem ärztlichen Berufe auch Meier Ebn Suschan, dessen Todesjahr 1415 ist, ob und mit ihm der Kabalist Schem Tow ben Jakob, der ihn überlebte. In Cordova muss um diese Zeit der ungenannte Verfasser einer medicinischen Abhandlung in hebräischer Sprache (Sefer af Chakhmati) gelebt haben, da sie 1419 vollendet wurde. Ein anderer sehr gelehrter Arzt stammte aus Lorca, Josef Ebn Bibas; er verfasste einen Kommentar zum Kanon Avicennas und übersetzte eine andere Abhandlung dieses berühmten Arabers in das Hebräische. Hoher Achtung erfreute sich in Calatayud Don Todros Ebn Davor als Arzt und als Rabbiner. Ebenfalls zugleich Rabbiner war der Arzt Jakob Kaphanton, der durch seine Arbeiten über den Inhalt von Avicennas Werken glänzte. In Gualdaluxara war als Arzt thätig Isaak ben Soliman, der eine pharmaceutische Arbeit lieferte, betitelt „Die Eigenschaften der Heilmittel".

Alle diese Männer sind ehrenwerte Vertreter des ärztlichen Standes unter den Juden Spaniens zu einer Zeit, in welcher man begann, die Juden um ihres Glaubens willen zu verfolgen. Aber gerade in dieser schwierigen Epoche ging aus der Mitte der Juden Spaniens auch ein Mann hervor, dessen Geschichte vielleicht den dunkelsten Punkt in der Geschichte der jüdischen Aerzte bezeichnet. Das war Josia Lorki, nicht mit Josef Lorki, den ich soeben als Josef Ebn Bibas erwähnt habe, zu verwechseln. Er vereinigte gute medicinische Kenntnisse mit reichem rabbinischen Wissen und verwendete beides, um sich bei Papst Benedikt XIII, der ihn zu seinem Leibarzt ernannt hatte, in Gunst zu setzen. Als Christ auf den Namen Hieronymus de Santa Fé getauft, trat er als wütender Hetzprediger gegen seine verlassenen Glaubensbrüder auf. Er veranlasste den Papst, zu einer öffentlichen Disputation zwanzig der angesehensten jüdischen Gelehrten aus Spanien nach Tortosa zu berufen; er bestimmte Benedikt, den Talmud zu verbieten und, was uns am meisten interessiert, auf seinen Rat erliess Benedikt XIII am 11. Mai 1415 eine Bulle gegen die jüdischen Aerzte, Apotheker und Drogisten. Ein Konzil zu Tortosa (1429) schärfte diese Bestimmung auf das neue ein.

Trotz dieses verräterischen Renegaten und trotz dieser strengen kirchlichen Befehle übten noch immer Juden ärztliche Praxis aus, und selbst edle Fürsten gab es damals in der Mitte des fünfzehnten Jahrhunderts in Spanien, welche sich nicht an den Fanatismus der katholischen Geistlichkeit kehrten. So hatte in Castilien König Heinrich IV. welcher den Thron 1454 bestieg, einen jüdischen Leibarzt, der sein ganzes Vertrauen besass, und in Arragonien vertraute Don Juan II sein körperliches Wohl einem Juden an; A b i a b a r aus Lerida befreite seine erblindeten Augen vom Catarakt im Herbst des Jahres 1468.

Um die Zeit dieser königlichen Leibärzte lebte in Catalonien G a l l a b (auch G a l l e d geschrieben) und genoss einen bedeutenden Ruf als tüchtiger Praktiker. In Castilien lehrte nicht nur Medicin, sondern auch Philosophie I s a a k b e n S c h e m - T o w; er schrieb einen Commentar zu Maimonides. Aus Arragonien war S a m u e l b e n C h a b i b gebürtig, der wahrscheinlich zu Sevilla die Praxis ausgeübt hat. Ebenfalls zu Sevilla lebte S a l o m o n b e n V e r g a, der in dieser Stadt geboren war. Er ist Verfasser eines historischen Abrisses über die Juden Spaniens mit manchen interessanten Einzelheiten; dieses Buch wurde in die lateinische, spanische, portugiesische und deutsche Sprache übersetzt. Die lateinische Uebersetzung liess der Sohn des Verfassers 1554 in Adrianopel drucken. Einer der letzten jüdischen Aerzte Cataloniens war sodann V i d a l C a s l a r i, welcher das Regimen sanitatis des Maimonides in das Hebräische übertrug (Hanhagath haberioth). Unbekannt ist Geburtsort und Wohnsitz des I s a a k b e n E l i e s e r, den man aus einer für ihn copierten, noch existierenden Handschrift kennt. Er war der Oheim des noch 1490 zu Calatayud lebenden S c h e m - T o w G a g o n i a.

Diese Aerzte stellen den letzten Rest der einst so hochgeschätzten und so wohl bewährten jüdischen Aerzte Spaniens dar. Denn, als das fünfzehnte Jahrhundert sich zu Ende neigte, da brach das Verhängnis, das schon hundert Jahre den spanischen Juden drohte, mit elementarer Gewalt los. Im Jahre 1474 vereinigte die Heirat Isabellas von Castilien, das durch Bürgerkriege zerrüttet war, mit dem König Ferdinand von Arragonien beide Länder, und, unterstützt vom Cardinal Ximenes, begann nun der Herr Spaniens ein strenges, von fanatischem Eifer für die katholische Religion beseeltes Regiment, das im Jahre 1481 zur Einführung der Inquisitions- oder Ketzergerichte führte. Ursprünglich sollten sie die getauften, aber wieder abgefallenen Juden und die christlichen Sectierer aufspüren und bestrafen; als aber Ferdinand mit der Eroberung Granadas 1492 dem letzten Rest der maurischen Herrschaft in Spanien ein Ende bereitet hatte, begann er auf grausamste Weise die Zwangsbekehrung der Mohamedaner und der Juden, um ein absolut katholisches Reich zu schaffen, und die Inquisitionsgerichte liessen das Land gar bald vom Rauch der Scheiterhaufen, auf denen die widerstrebenden Mauren und Juden für ihren Glauben den Tod erlitten, verdunkeln. Endlich wurde noch im selben Jahre 1492 ein Ausweisungsdekret gegen sämtliche Juden Spaniens erlassen und in barbarischster, unchristlichster Härte durchgeführt. Ueber 800 000 Juden mussten das Land binnen vier Monaten verlassen, und viele davon starben auf dem traurigen Wege in die Fremde und das Elend unter freiem Himmel vor Hunger; so war Spanien von den jüdischen Aerzten durch das Machtwort eines Herrschers befreit, durch „Massregeln, die weder der Kirche noch dem Staate wahrhaft förderlich waren. Wenigstens erlangte dies Land nie wieder die Blüte, die es unter den Arabern erreicht hatte."[17]

Etwa achtzig Tausend Juden, meist Castilianer, retteten sich in das benachbarte Portugal, wo im fünfzehnten Jahrhunderte in Lissabon, in Porto, in Coimbra u. s. w. die jüdischen Gemeinden Schulen besassen. Auch jüdische Aerzte lebten in dieser Zeit noch dort. In Lissabon geboren war Don G h e d a l i a E b n J a h y a ungefähr 1436. und hier studierte er auch; er war ein Nachkomme des Leibarztes Königs Dinis, den ich früher erwähnte; als Alphonse V. gestorben war, bekundete sein Nachfolger Don Juan II. Argwohn und Hass gegen alle Anhänger seines Vorgängers, und um diesem zu entgehen, wandte sich Don Ghedalia nach der Türkei. Don Juan II. (1481—1495) war nichts desto weniger kein Feind der Juden; er hatte selbst zwei jüdische Leibärzte D o n J o s e f und R o d r i - g u e z, zwei hochgebildete Männer. J o s e f (Josef Vezinho) hat sich durch die Verbesserung des astronomischen Instruments, das man nautisches Astrolabium nennt und zur Messung der Sternhöhe gebraucht, nicht unbedeutende Verdienste um die Schifffahrtskunde erworben. Beide Leibärzte wurden mit dem Erzbischof von Centa beauftragt, die Bitte des Columbus um Unterstützung seiner Pläne zur Auffindung Indiens zu prüfen; es ist bekannt, dass diese Kommission nicht weitsichtig genug war, um dem Könige die erbetene Hilfe anzuempfehlen, und dass Christoph Columbus erst in Spanien Verständnis für seine Ideen fand. Don Juan II. war auch der milde Fürst, der den

---

17) Dittmar. Die Weltgeschichte, 1874, II. Teil pag. 134.

aus Spanien vertriebenen Juden den Uebertritt in sein Reich gestattete. Leider starb er drei Jahre darauf; König Emanuel, der den verwaisten Thron bestieg, behandelte die Juden fast noch gnädiger, als Juan und war wohl sogar im Begriff, ihnen grössere Freiheiten zu gewähren[18]). Allein Isabella von Spanien, seine Schwiegermutter, ruhte nicht früher, als bis sie Emanuel zu ihren lieblosen Ansichten bekehrt hatte; sie wolle keinen Eidam haben, schrieb sie ihm drohend, der die Feinde Gottes in seinem Lande dulde. Der König gehorchte endlich und erliess 1495 das Verbannungsdekret gegen die Juden Portugals; binnen acht Monaten sollten sie das Land verlassen oder zur Taufe kommen, und, als sie die teuer gewesene Heimat verlassen wollten, riss man Eltern die Kinder aus den Händen und schleppte sie zur Taufe und schenkte sie Christen zur weiteren Erziehung, und manche Juden töteten selbst ihre Lieblinge, um sie diesem Schicksal zu entreissen. Als man zehn Jahre später mehr als zweitausend zurückgebliebene Juden, die damals die Taufe angenommen hatten, bei der Feier des Passahfestes überraschte, büssten alle mit qualvollem Tode die Liebe zur Religion ihrer Eltern. Das war das Ende der einst so blühenden und glänzenden jüdischen Wissenschaft auf der pyrennäischen Halbinsel!

IX. Die jüdischen Aerzte in Italien.

Aus den dunklen Zeiten, in die uns soeben Spanien und Portugal geführt haben, müssen wir noch einmal in die lichtvolleren zurückkehren. Wir haben gehört, wie die arabisch-jüdische Medicin in Sicilien ihren Einzug hielt und von dieser Insel auf das italische Festland gelangte und haben auch erfahren, wie sie in Salerno eine gastfreundliche Heimat gefunden hat. Wir erinnern uns auch, wie grossen Anteil jüdische Aerzte an dem ersten Aufschwung dieser ältesten italienischen Hochschule für Medicin genommen haben, und bei dem zahlreichen Zuzug jüdischer Studenten nach Salerno kann es auch nicht zweifelhaft sein, dass sich im zwölften Jahrhunderte schon, wie in den meisten christlichen Staaten, so auch in den italienischen jüdische Aerzte vorfanden. Namentlich bekannt ist uns der Rabbi Cha-

---

[18]) Nach Lilienthal hatte König Emanuel sogar einen jüdischen Leibarzt, Abraham Sachuth, der zu Salamanka geboren und in Saragossa Professor der Astronomie geworden war. Als die Juden ausgewiesen wurden, floh er nach Tunis. J. D. München 1838 pag. 20.

n a n e l, der unweit Salerno, zu Amalfi, seinen geistlichen Beruf
mit dem des Arztes verbunden hatte. Aus späterer Zeit habe
ich bereits erwähnt, dass der jüdische Arzt J a k o b b e n A b b a
M a r i aus Frankreich nach Neapel zog, vom Vertrauen Kaiser
Friedrichs II. dorthin berufen, und dort im vierten Jahrzehnt des
dreizehnten Jahrhunderts lebte und wirkte. Gerade diese Berufung scheint mir ein Beweis dafür zu sein, dass zu jener Zeit
die Zahl der jüdischen Aerzte, wenigstens hervorragender, in
Italien noch keine grosse gewesen sein kann. Bald aber zeichneten sich auch in diesem Lande jüdische Aerzte aus.

Aus Turin gebürtig und zu Salerno unterrichtet war A b u l -
h a k i m, dessen arabisch geschriebene Abhandlung über die Erhaltung der Gesundheit sich im Manuskript bis heute erhalten
hat. Er lebte etwa gleichzeitig mit dem Leibarzte Kaiser
Friedrichs. Noch bedeutender war F a r r a d s c h b e n S a l e m ,
F e r r a g i u s oder F e r r a g u t geheissen, den noch neuestens
Häser[19]) zu den wichtigsten der Uebersetzer aus dem dreizehnten Jahrhunderte zählt. Er entstammte der Schule von Salerno und muss in freundschaftlicher Beziehung zu Karl von
Frankreich, Bruder Ludwigs des Frommen, der über Neapel und
Sicilien von 1266—1285 herrschte, gestanden haben. Denn die
lateinische Uebersetzung der medicinischen Werke des Arabers
Jahya ben Djesla, welche 1532 veröffentlicht worden ist,
ist Carolo regi ejus nominis primo gewidmet. F e r r a g i u s ist
wohl einer der ersten jüdischen Aerzte, die nicht mehr in das
Hebräische, sondern in die klassische Gelehrtensprache, in das
Lateinische, aus dem Arabischen übersetzten.

Aus Verona kam nach Salerno, um Medicin zu studieren,
H i l l e l b e n S a m u e l und bildete sich zu einem tüchtigen Arzt,
zu einem gewandten Uebersetzer und zu einem tiefen Denker
aus. Er stand in Verkehr mit den gelehrtesten Männern seines
Vaterlandes und verfasste ausser philosophischen Schriften, von
denen eine, 1291 vollendet, uns die Zeit seines Lebens verrät,
eine hebräische Uebersetzung der Chirurgie des Bruno von
Langoburgo, der sie 1252 wesentlich nach den Angaben des
Galen, des Hippokrates, Rhazes und Abulkasem verfasst, aber
auch eigene Beobachtungen hinzugefügt hatte; Hillels Uebertragung ist Sefer Kerithuth betitelt. Es beweist dieselbe, dass,
wie in Frankreich, so auch in Italien das Interesse für die neu
erwachende Chirurgie unter den jüdischen Aerzten ein sehr leb-

---

19) Häser, Grundriss der Geschichte der Medicin, Jena 1884, pag. 123.

haftes gewesen sein muss. In Rom lebte damals Nathan Hamati, aus Syrien eingewandert, der ein fleissiger Uebersetzer gewesen ist. Er übertrug in das Hebräische aus dem Arabischen die Medicin von Zoharani (Mamar hameschichoth), die Aphorismen des Hippokrates mit dem Kommentar des Galen nach einem arabischen Text (Sefer haperakim, beendet 1283), den Kanon Avicennas (beendet 1273), eine Abhandlung des Augenarztes Abulkasem (Sefer berefuoth haajin) und vor allem als Perke Moscheh die Aphorismen des Maimonides; diese letztere Uebersetzung Hamatis liegt den lateinischen Uebertragungen des Werks des Maimonides, welche ich früher genannt habe, zu Grunde. In Rom hatte damals auch der Papst Bonifacius VIII. einen Doktor Isaak als Leibarzt; er bewies damit eine menschenfreundliche Duldsamkeit, welche vor ihm schon Papst Gelasius (am Ende des fünften Jahrhunderts) durch die Ernennung des Juden Telesinus zu seinem Leibarzt und durch die ihm bewiesene Freundschaft ausgezeichnet hatte, und welche nach ihm noch manchen Inhaber des Stuhles Petri auszeichnete, wie wir wiederholt erfahren werden, von den in Avignon residierenden Päpsten aber schon erfahren haben. Endlich lebte in Rom am Ausgange des dreizehnten Jahrhunderts Serachia ben Isaak Chen, der aus seiner Geburtsstadt Barcelona eingewandert war: er war Arzt, Philosoph, Astronom und Physiker und verfasste zahlreiche Uebersetzungen und Originalarbeiten, unter den ersteren eine hebräische Uebertragung von Avicennas Kanon, von der Metaphysik und der Physik des Aristoteles (1284 vollendet) und von den zu diesen klassischen Werken des Altertums hinzugeschriebenen Kommentaren des Averroës, unter letzteren Briefe an den Arzt Hillel und eine Abhandlung über Himmel und Erde in hebräischer Sprache (Sefer schamaim weha-aulom).

Als Philipp der Schöne die Juden aus Montpellier vertrieb, nahm sie ein anderer französischer Fürst gastfreundlich in seinem Lande auf. Das war Karl II., der König von Neapel, dessen Freisinn und Milde hoch gerühmt werden. Er selbst hatte einen jüdischen Leibarzt, Samuel ben Jakob von Capua. Dieser übersetzte die medicinischen Werke von Jahya ben Masoviah, aber interessanter Weise nicht aus dem Arabischen, sondern auf Grund einer lateinischen Uebersetzung, welche zu seinen Lebzeiten in Egypten erschienen war. Auch Karls Nachfolger, Robert von Anjou, hatte während seiner Regierung von 1309—1348 einen jüdischen Leibarzt, einen vielseitig gebildeten

Mann[20]). Von ihm liess er die vielen hebräischen Werke seiner Bibliothek, die er unter grossem Kostenaufwand gesammelt hatte, in das Lateinische übersetzen.

In Sicilien, das ehemals zum Königreich Neapel gehörte, sich aber seit der sicilianischen Vesper 1282 unter spanische (arragonische) Herrschaft gestellt hatte, lebten damals Aron von Messina, Meister David in Palermo und in derselben Stadt Gaudius, dem 1327 der Regent von Sicilien „gegen zufriedenstellende Vergütung seiner Auslagen" an seinen Hof zu kommen befahl, um ihm „gewisse und ausdrückliche Dienste" zu leisten. Diese Aerzte beweisen, dass das Parlament zu Piacca auf Sicilien, welches am 20. Oktober 1293 sich die judenfeindlichen Kirchenbeschlüsse aneignete und verfügte, dass, wenn ein kranker Christ von einem jüdischen Arzte sich behandeln liesse, der Patient auf drei, der Arzt auf zwölf Monate bei Wasser und Brod eingekerkert werde, Honorar aber und Kosten der Heilmittel der Armenkasse zufallen sollten, nicht genügende Macht besass, um seine Beschlüsse durchzuführen. Ein Mangel an Aerzten muss freilich allmählich eingetreten sein; denn 1450 wurde jenes Parlamentsdekret formell umgestossen, und es wurde verfügt, dass den jüdischen Aerzten auf Sicilien die Ausübung der Praxis auch unter den Christen des Landes frei stehe.

Kehren wir auf das italische Festland, zurück und überblicken wir die Städte ausserhalb Neapels, so finden wir am Beginne des vierzehnten Jahrhunderts zu Verona den Doktor Mischel ben Abraham, den der Titel Harofe d. h. Arzt schmückte. Zu Rom waren Sprossen der Familie Anav als Aerzte thätig und hochgeehrt; in dieser Familie war die Ausübung der Heilkunde erblich, und die ersten derselben, Benjamin und Abraham, lebten und wirkten bereits am Beginne des dreizehnten Jahrhunderts unter Innocenz III., dessen Aerzte sie vielleicht gewesen sind. Jehuda, Zedekias und Jekuthiel Anav sind die hervorragendsten Glieder der Familie; ein letztes Glied, der durch seine Frömmigkeit berühmte Menachem Rofe Anav, lebte im ersten Drittel des vierzehnten Jahrhunderts. Zu Rom lebte auch der geistreiche Dichter Immanuel, der zwar keine ärztliche Praxis ausgeübt zu haben

---

[20]) Carmoly nennt diesen Isaak: Münz sagt, dass der auch als satyrischer Dichter bekannte Kalonymos ben Kalonymos, auch Maëstro Calo genannt, Arzt König Roberts war. Ich habe nichts finden können, um zu entscheiden, ob unter beiden Namen dieselbe Person gemeint ist, oder welcher der beiden Autoren sich irrt.

scheint, aber gewiss medicinisch ausgebildet gewesen sein dürfte; er durfte sich rühmen, mit Italiens grösstem Dichter des ganzen Mittelalters, mit Dante Alighieri, der 1321 starb, persönlich befreundet zu sein. Wahrscheinlich veranlasste ihn diese Freundschaft auch seinerseits eine Fahrt durch die Hölle und das Paradies zu besingen. In dieser humoristisch-satyrischen Dichtung versetzt Immanuel die schlechten Aerzte und die Quacksalber, die dem Menschengeschlechte Schaden zufügen und die Kranken nur in das Grab befördern, in die Hölle; aber auch Hippokrates erblickt er inmitten der Sünder, weil er seine hohe Weisheit geheim gehalten hat — gewiss ein feinsinniger Ausdruck selbstloser Menschenliebe! Auch in seinen humorvollen Novellen finden sich Episoden aus dem Leben des Arztes eingestreut.

Die zweite Hälfte des vierzehnten Jahrhunderts erfüllten auf Italiens Boden die Kämpfe zwischen Welfen und Ghibellinen: besonders die Kämpfe zwischen den Anhängern Colonnas und denen Orsinis sind bekannt. Im Kirchenstaate machte sich mehr und mehr die Abwesenheit der Päpste, die schon seit 1305 in Avignon auf französischer Erde residierten und erst 1376 nach Rom zurückkehrten, geltend und übte einen lähmenden Einfluss auf die Entwicklung von Wissenschaft und Kunst, zumal Gewalthaber das Volk indessen zu Aufständen aufreizten (Cola Rienzi 1347): nach ihrer Rückkehr trat die Spaltung des Papsttums in einen französisch und einen italienisch gesinnten Papst, die sich gegenseitig verfluchten, das sogenannte Schisma, ein und setzte die unerfreulichen Zustände Italiens fort. In Neapel bekämpften sich die Parteien zügellos, bis König Ladislaus von Ungarn im Jahre 1400 sich des Reiches bemächtigte, und nach seinem Tode 1414 griffen doch die alten misslichen Verhältnisse wieder um sich und blieben bald ein Jahrhundert lang bestehen. Auch Venedig und Genua lagen damals im Kriege.

Aus diesen geschichtlichen Fakten wird es verständlich, dass zur Zeit derselben die jüdischen Aerzte in Italien weniger hervortreten. Besonders fehlte zu ihrem Gedeihen die Gunst der Päpste; davon waren die Juden Roms so überzeugt, dass sie den endlich wiederkehrenden Papst durch den Rabbiner begrüssen liessen und für ihn öffentliche Bittgebete anordneten. Dennoch wirkten an verschiedenen Orten auch damals Juden als hochgeachtete Aerzte, so dass uns ihre Namen überliefert sind. Gentile da Foligno wurde 1340 als Professor nach Padua berufen, wo in dieser Zeit der Hauptsitz jüdischer Gelehrsamkeit auch auf philosophischem und theologischem Gebiete war. Foligno starb als das Opfer seiner Berufstreue an der Pest 1348; es wird ihm ausdrücklich nachgerühmt, wie oft und unermüdlich er seine Pestkranken besuchte, nach allen Kräften bestrebt, ihre Leiden zu lindern[21]). Die Begabung und der Ruf des jüdischen Arztes Leo war so gross, dass ihm der Rat von Venedig, als er 1331 dorthin kam, die vorgeschriebene Staatsprüfung erliess und ihm ausdrücklich erlaubte, seine Kunst frei auszuüben. Als dann die Päpste wieder in Rom residierten, liess der zweite nach der Rückkehr, Bonifacius IX, sein körperliches Wohl von einem jüdischen Arzte beraten. Unter dem 1. Juli 1392 bestätigte er, nachdem Manuela sein Leibarzt gewesen war, auch dessen Sohn „dem geliebten Sohn Angelus Manuela, dem Juden von dem städtischen Rione Trastevere, von Geburt ein Jude, dem Arzte und unserem Vertrauten (familiaris)“ alle Privilegien und Rechte seines Vaters. Der Papst erklärt, ihn als Arzt und Vertrauten zu nehmen, in der Absicht „dass Du dadurch die Vorteile der Apostolischen Gunst noch reicher geniessest, und wir wollen, dass Du alle Privilegien, Ehren, Freiheiten, Vorzüge, Befreiungen und Ausnahmsrechte und alle unseren und des genannten Stuhles Familiares jetzt und später zukommenden Gunstbezeugungen in Wirklichkeit geniessest, ohne dass immer Apostolische Konstitutionen und andere gegenteilige Edikte entgegenstehen“[22]). Im Jahre 1399 bezeugte sodann der Papst Bonifaz seinen Leibärzten, „dass sie in der Ausübung ihrer Kunst zuvorkommend, wohlwollend und dienstfertig sich erweisen, Armen und Dürftigen zu Hilfe eilen, nicht auf Bezahlung dringen und in ihrem Berufe ausserordentlich erfahren seien.“

Noch im Jahre 1400 lebte Astruc, (auch Jehuda genannt), Schalom, der Uebersetzungen in das Hebräische angefertigt hat: sein Sohn Isaak Schalom und sein Enkel Abraham Schalom widmeten sich gleichfalls dem ärztlichen Berufe. In der Romagna prakticierte Jakob ben Jechiel Rofe um dieselbe Zeit, und Arzt in Perugia, das zum Kirchenstaate gehörte, war Nathan ben Meschulam Harofe, wie es bereits sein Vater gewesen war. Er war ein Liebhaber guter Bücher und

[21]) Vgl. Güdemann, Geschichte des Erziehungswesens und der Kultur der Juden, Wien.

[22]) Berliner, Geschichte der Juden in Rom, Frankfurt a. M. bei J. Kauffmann.

liess zahlreiche Copieen für seine Bibliothek anfertigen.

Auch die Rabbiner Italiens nahmen Anteil an dem regen Interesse, das im Beginn des fünfzehnten Jahrhunderts die Juden dieses Landes erfüllte; sie übten teilweise selbst Praxis aus, teilweise begnügten sie sich durch Abschreiben medicinischer Manuskripte die Kenntnis der Heilwissenschaft zu verbreiten. Hervorragend war unter ihnen der Rabbiner von Ankona, M e i s t e r J o s e f, dessen Geburtsort Ferrara gewesen ist; aus einer für ihn verfertigten Copie wissen wir, dass er 1436 noch lebte. Amts- und Zeitgenossen von ihm waren Rabbi D a n i e l b e n A b r a h a m und I s a a k b e n M e s c h u l a m R o f e, der Bruder des ebengenannten Nathan ben Meschulam, und in Rom Rabbi M o s e s R i ë t i, ein hochgebildeter, vielwissender Mann. Etwas später bethätigte sich als Arzt in Neapel Rabbi J e c h i e l, den ebenfalls der Tite Harofe d. h. Arzt schmückte. Aus Copieen oder Citaten sind uns dem Namen nach noch bedeutend mehr jüdische Aerzte aus der ersten Hälfte des fünfzehnten Jahrhunderts bekannt; es würde ermüden, sie alle aufzuzählen. Es genügt, zu wissen, dass gerade in jener Zeit sich der weitaus grösste Teil der ärztlichen Praxis in Italien in jüdischen Händen befunden hat.

Mit der Zunahme der jüdischen Aerzte wuchs aber auch der Neid und die Missgunst gegen sie. Ausserordentlich wechselnd war gegen sie die Gesinnung der Päpste jener Zeit, die ja in ganz Italien die massgebendsten und einflussreichsten Männer waren. Noch 1406 hatte Papst Innocenz VII. drei jüdischen Aerzten in Anerkennung ihrer grossen Verdienste neben anderen Vorrechten das Bürgerrecht der Stadt Rom verliehen. Martin V. hatte sogar in einer Bulle vom Februar 1422 die Christenheit ermahnt, Wohlwollen gegen die Juden zu bezeigen, den jüdischen Aerzten aber ausdrücklich erlaubt, christliche Kranke zu behandeln; unter Androhung des apostolischen Bannspruches untersagte er den fanatischen Mönchen, gegen den Verkehr der Christen mit Andersgläubigen zu predigen. Unter jenen mönchischen Predigern des Hasses zeichnete sich an Grimm und Verleumdung unrühmlich Bernardin von Siena aus, der von 1380—1444 lebte. Er zog von Stadt zu Stadt und verspritzte, wohin er auch kam, sein unseliges Gift gegen die jüdischen Aerzte; keine Verleumdung war ihm schlecht genug, keine Lüge gross genug, um der lauschenden Volksmenge ein Bild des Schreckens und des Abscheues von der ärztlichen Thätigkeit der Juden zu entwerfen, dass sie sich freilich fürchten musste, einen jüdischen Arzt an das Krankenbett eines teuren Angehörigen zu rufen. Sienas würdiger Nachfolger, der sein Vorbild noch zu übertreffen sich eifrigst mühte, war der Franziskanermönch Bernardin von Feltre. Er schilderte allüberall die Juden als Abschaum der Menschheit und die jüdischen Aerzte insbesondere als die schlechtesten dieser Verworfenen. Besser, so predigte er, ist es, in einer Krankheit zu Grunde zu gehen, als die Kirchenbeschlüsse sündhaft zu übertreten und einem Juden Gesundheit zu verdanken! Nun, klingende Phrasen und begeisterte Worte haben alle Zeit urteilslose Gemüter gefesselt, und so mag wohl mancher diesen Predigern der Liebe gefolgt sein. Besonders die empfänglichere Seele der Frau wurde zweifellos auf solche Art gewonnen und vergiftet. Man berichtet, ein Vater habe zu seinem totkranken Sohn einen jüdischen Arzt rufen wollen, nachdem alle andere Hilfe fruchtlos gewesen war: sein Weib aber trat ihm entgegen, und die Mutter sah ihr Kind sterben, ohne die letzte Hilfe versucht zu haben. Von einer adligen Frau, Lukretia Salimbeni, wird behauptet, sie habe Tage lang unter der Geburt in fruchtlosen Wehen gelegen und habe standhaft die Hilfe des jüdischen Arztes abgewiesen. Der christliche Geschichtsschreiber unserer Tage Depping[23]) bemerkt zu diesen Erzählungen ironisch: „Dieses waren christliche Glaubensheldinnen in den Augen eines Bernardin von Feltre!" Ich meine, einen höheren Gipfel der Verblendung kann kaum der Menschengeist erreichen. Während den Siena die Bulle des Papstes bedrohte, hatte Feltre einen Rückhalt an den Kirchenfürsten seiner Zeit. Denn sowohl Eugen IV. und Nikolaus V., als Calixtus III. beschränkten die jüdischen Aerzte in der Ausübung ihrer Praxis; ja, sie verboten auch ausdrücklich, sich die nötigen Heilmittel von Juden zubereiten zu lassen. Erst Paul II. war, wenn auch nicht den Juden, so doch den jüdischen Aerzten günstiger gesinnt. Nachdem ältere kanonische Beschlüsse und zuletzt 1434 das Konzil von Basel bestimmt hatten, dass die Juden ein besonderes Abzeichen, den sogenannten Judenflecken, als Kennzeichen zu tragen hätten, verordnete Paul II. im Jahre 1464, dass sich die Juden durch Tragen eines roten Mantels von den Christen zu unterscheiden hätten; aber er fügte hinzu, dass die jüdischen Aerzte als besondere Vergünstigung die übliche Tracht ihrer christlichen Kollegen, einen Talar, anlegen dürften.

Zur Ehre des Menschengeistes muss man es bekennen, dass trotz dieses hässlichen Kampfes, trotz Verleumdung, trotz Be-

---

[23]) Die Juden im Mittelalter. Aus dem Französischen, Stuttgart 1834 (citiert nach Münz).

drohung mit dem Verluste der Seligkeit jüdische Aerzte auch in dieser Zeit zu Rate gezogen wurden und die Würdigsten von ihnen Anerkennung fanden. Paul II. war nicht der einzige Fürst, der die jüdischen Aerzte beschützte. Auch König Ferdinand I. von Neapel kümmerte sich nicht um die Kirchenbeschlüsse, sondern erwählte den Juden Benjamin von Porta Leone zu seinem persönlichen Leibarzte und empfahl ihn später in gleicher Eigenschaft dem Herzog von Mailand, Galeas-Maria Sforza. Fast unglaublich klingt es aber zu hören, dass die Stadt Siena, nach der sich Bernardin von Siena genannt hatte, um diese Zeit trotz des zornigsten Widerspruchs Bernardins von Feltre einen jüdischen Arzt als Stadtarzt anstellte und besoldete.

Namentlich seit Paul II. mehrt sich die Zahl der hervorragenden jüdischen Aerzte. In Mantua zeichnete sich Abraham Conath aus. Dieser Arzt verdient einen besonderen Platz in der Kulturgeschichte, weil er bereits 1476 in seinem Wohnsitz eine Buchdruckerei mit hebräischen Typen errichtete, also nur zwanzig Jahre später, als das erste Buch (der lateinische Psalter) gedruckt worden war; die hebräischen Druckwerke aus Conaths Werkstatt gehören folglich zu den ältesten, die überhaupt existieren. Etwa zu seiner Zeit lebte in Tivoli der Arzt Elias ben Jehuda, der aus Marigni gebürtig war. Er ist Verfasser eines in Dialogform geschriebenen Lehrbuchs der Frauenkrankheiten, betitelt Sefer Tholdath, dessen Manuskript die vatikanische Bibliothek besitzt: Dinah fragt den Vater Jakob über ihre Leiden, und Jakob belehrt sie, wie sie zu heilen sind. Etwas früher als Conath dürfte dagegen Isaak Dalbadi (auch Dalbari geschrieben), der im Königreich Neapel geboren war, gelebt haben. Er war Schüler von Salerno; 1450 praktizierte er, wie eine von ihm zum eigenen Gebrauch copierte Handschrift der Chirurgie Wilhelms von Piaceza erweist, zu Barletta. Isaak Dalbadi gilt auch als vorzüglicher Kenner der hebräischen Sprache. Ein fleissiger Forscher in den Büchern seiner Vorfahren, besonders in denen Aben-Esras und Davids Kimchi, zu denen er Randglossen schrieb, war Daniel ben Salomon, dessen Vater auch Arzt gewesen war. Aus einer hinterlassenen Reisebeschreibung aus seiner Feder wissen wir, dass er 1473 die Insel Creta besuchte. Mit ihm ist nicht zu verwechseln Daniel ben Samuel der ein eifriger Verehrer der Araber war, besonders Avicennas; die Pariser Bibliothek besitzt noch eine Copie von Avicennas Kanon, die für ihn angefertigt worden war (im Jahre 1487). Zu gleicher Zeit galt in Neapel Josef Halevy als kluger Arzt. Auch ein Arztrabbiner verdient erwähnt zu werden, Messer Leon in Mantua; er verband mit seinen medicinischen Kenntnissen ein hervorragendes Wissen und verfasste geschätzte philosophische und grammatische Werke. Noch bedeutender als Arzt ist sein Sohn Messer David, der in Neapel wohnhaft gewesen ist. Er verfasste eine ungedruckte medicinische Abhandlung; von seinen zahlreichen philosophischen, grammatischen und theologischen Arbeiten ist nur eine, Thehila ledowid, mit theologischem Inhalte gedruckt und erschienen (1577 zu Constantinopel).

Wie früher Gentile da Foligno, war in Padua jetzt am Ende des fünfzehnten Jahrhunderts ein jüdischer Arzt Lehrer an der Universität; das war Eliah del Medigo oder latinisiert Elias Cretensis. Dieser Mann war nämlich auf der Insel Creta von deutschen Juden geboren worden. Creta gehörte damals zu Venedig und empfing von hier aus die Anregung zur Pflege von Wissenschaft und Kunst; so gab es hier auch jüdische Aerzte im fünfzehnten Jahrhunderte. Eliahs Grosseltern waren etwa 1400 von Deutschland nach Creta gekommen, und Eliahs Eltern liessen ihm eine gründliche Erziehung zu teil werden. Nachdem er zu Padua, wo ihm sein Freund Abraham Farissol würdig zur Seite gestanden hatte, als Arzt und Lehrer gewirkt, wurde er in gleicher Eigenschaft nach Florenz berufen und erfreute sich hier der Freundschaft des Fürsten Jean Pic de la Mirandole, für welchen er 1485 und 1486 zwei lateinische Uebersetzungen anfertigte. Aus strittigen Ursachen verliess er später auch Florenz wieder und lebte und wirkte als Arzt in seiner Heimat, bis ihn 1493 in den besten Mannesjahren die Folgen eines Gesichtskrebses hinwegrafften. Eliah del Medigo hat zahlreiche Arbeiten geliefert, darunter einen Commentar zu Averroës in hebräischer und lateinischer Sprache (1485), Untersuchungen über die Schöpfung der Welt, über das Sein der geschaffenen Dinge und über ihren ersten Urheber, welche 1506 zu Venedig in lateinischer Sprache gedruckt wurden, u. a. m. Er war ein heftiger Gegner der Kabalah, die damals wieder gepflegt wurde.

Ergänzend bemerke ich, dass im fünfzehnten Jahrhunderte nicht nur in Creta, sondern auch auf den Inseln Sardinien und Corfu jüdische Aerzte die Praxis ausübten. Von den sardinischen sei Eymies Isacco in Alghero genannt. Er genoss hohes Ansehen und wurde auch ausserhalb seines Wohnortes an das

Krankenbett gerufen. Der Gouverneur dieser Stadt, Graf Don Berengaria Carroz, sprach ihm bei Ueberreichung des Honorars seinen besonderen Dank für die guten Dienste aus, die sein ärztlicher Beistand der Bevölkerung und der gräflichen Familie insbesondere geleistet habe.[24]) Auf der Insel Corfu, die, wie Creta, damals zu Venedig gehörte, erwarb sich Salomon Vidal besondere Hochachtung. Er ist der Autor eines Kommentars zu Avicennas Kanon. Auch der ihm nahe verwandte Isaak Schalom, der im zweiten Drittel des fünfzehnten Jahrhunderts lebte und ein fleissiger Uebersetzer war, und Samuel Ebn Schoham werden als bedeutende Jünger Aeskulaps genannt.

Bereits in das sechszehnte Jahrhundert ragt Vidal Balson hinein, der 1492 aus Sicilien nach Reggio gekommen war. Im Jahre 1505 verfasste er ein vortreffliches Lehrbuch der gesamten Heilkunde, eingeteilt nach Körperregionen, mit eingehender Darstellung der Therapie. Es vermischen sich bei ihm die Lehren Galens mit arabischen und jüdischen Anschauungen. Die Pariser Bibliothek besitzt dieses ungedruckte Manuskript. Auch zu seiner Zeit genoss ein jüdischer Professor der Medicin zu Padua Ehre und Anerkennung; zu den Hörern des Abraham des Balmes zählten nicht nur jüdische, sondern auch zahlreiche christliche Studenten, und, als er 1523 starb, veranstaltete die Universität Padua ihm zu Ehren eine grossartige Leichenfeier. Der Balmese Abraham war auch Leibarzt des Cardinals Gammari. Trotz dieser vielseitigen, zeitraubenden Thätigkeit fand er noch Musse genug zur Schriftstellerei und verfasste Uebersetzungen von Werken des Ptolomäus, des Averroës u. a. aus hebräischen Texten in die lateinische Sprache. Ihn überlebte in der Stadt Padua Messer Servideo, ein gesuchter praktischer Arzt. Zeitgenossen dieses Arztes waren Vitale Alatino zu Spoleto und sein Bruder Moses Alatino. Vitale galt als der geschickteste Arzt seiner Zeit im Bereich des ganzen alten Umbrien. Später wurde er Leibarzt des Papstes Julius III. Moses Alatino lebte in Ferrara. Er übersetzte Teile der Werke, des Avicenna Galen und Hippokrates aus arabischen Texten in das Lateinische.

Hier ist es Zeit, zu bemerken, dass die Päpste jener Zeit, wie Paul II., von menschenfreundlichem Geiste gegen die jüdischen Aerzte geleitet wurden. Die weitgehenden Privilegien, welche Alexander VI. dem jüdischen Arzte Samuele Zarfati gewährt hatte, bestätigte nicht allein sein Nachfolger, Julius II.

---

24) Güdemann, citiert von Münz.

sondern er erwählte ihn sogar zu seinem Leibarzte und gestattete ihm ausdrücklich, auch christliche Patienten zu behandeln. Er war samt Familie und Dienerschaft selbst auf Reisen vor allen Belästigungen geschützt, er brauchte das Judenabzeichen nicht zu tragen und durfte in seinem Hause zu unbehinderter Ausübung der religiösen Vorschriften eine Synagoge einrichten. Als Julius II. am 17. August 1511 in einen bewusstlosen Zustand verfiel, so dass die Palastbeamten bereits seinen Tod verkündigten, erklärte dieser Leibarzt seinen Herrn nur für scheintot und widersetzte sich der Beerdigung. Samuele Zarfati behielt recht; der Papst erholte sich und überlebte den Unfall noch fast zwei Jahre. Im November 1530 wurde ebenfalls ein Zarfati, Isaak Zarfati, zum Leibarzte des Papstes — es regierte damals Clemens VII. — und zu seinem Familiaris erwählt, weil er „die meisten Krankheiten, sonst unheilbar, von denen sehr viele Leute der Curie, auch alte, getreue Hausgenossen von uns, uns lieb und genehm, bedrückt wurden"[25]) geheilt habe. Auch ihm wird ausdrücklich die freie und unbeschränkte Ausübung der Praxis in den Häusern der Christen gnädigst verstattet. Julius III. hatte neben Alatino einen zweiten jüdischen Leibarzt, Theodor von Sacerdoti. Auch er ist ein fleissiger Uebersetzer arabischer Schriften in die lateinische Sprache gewesen. Die jüdischen Aerzte, die im Dienste Leos X. und Pauls III. gestanden haben, werden wir noch kennen lernen.

Von den italienischen Juden, welche sich als Ärzte im zweiten Drittel des sechszehnten Jahrhunderts ausgezeichnet haben, ist noch David Vidal in Venedig zu nennen: er widmete sich in seinen Erholungsstunden gern der Musik. In besonders hohem Ansehen stand Obadiah Sforno aus Casena, der 1550 in Bologna seine Tage beschloss. Allgemeines Interesse muss für ihn der Umstand erwecken, dass von ihm, dessen hebräische Kenntnisse sehr bedeutende waren, sich Johann Reuchlin, der bekannte Humanist, der zuerst in Deutschland die griechische und die hebräische Sprache lehrte, in dieser heiligen Sprache gelegentlich seines Aufenthalts in Italien 1498 unterrichten liess. Unter seinen Schriften haben die Kommentare zu den heiligen Büchern den grössten Wert; diejenigen über die fünf Bücher Moses und über die Psalmen wurden noch 1724 wieder gedruckt. Medicinische Arbeiten sind von Sforno nicht bekannt. Um die

---

[25]) Berliner, Geschichte der Juden in Rom, Frankfurt a. M. bei J. Kauffmann.

Zeit seines Todes wurde in Venedig Josef Hatamari, der in dieser Stadt etwa 1520 geboren sein mag und an der Universität zu Padua mit Auszeichnung Medicin studiert hatte, als Arzt der Stadt zugelassen. Aus der Hochschule von Padua ging auch Jehuda Ebn Jahia hervor, der 1529 zu Imola geboren war; er kam 1557 als Arzt nach Bologna, wo er rasch einer der gesuchtesten Aerzte Italiens wurde. Ein früher Tod (1560) schnitt die grossen Hoffnungen, die er erweckt hatte, ab. Ihn überlebte der Doktor Benjamin, der in seiner Vaterstadt Modigliana in Toskana mit grösstem Erfolge die Praxis ausübte. Auch Doktor Raphael ist ein überlebender Zeitgenosse Jehudas; ihm gestattete der Senat der Stadt Genua im Jahre 1577 zu Sarzana dem ärztlichen Berufe obzuliegen. In der Stadt Genua selbst zu prakticieren, hatte bereits 1523 Papst Clemens VII. den jüdischen Aerzten erlaubt. Doch stiess die Ausführung dieser Verordnung entschieden auf Schwierigkeiten; denn der jüdische Geschichtsschreiber Josef Cohen, der selbst Arzt in Genua gewesen ist, berichtet, dass die christlichen Aerzte, als sich sein Schwestersohn Serachia Halevy ebenfalls als praktischer Arzt in Genua niederlassen wollte, sich mit den Edelleuten gegen die jüdischen Berufsgenossen verbanden und 1540 ein Verbannungsdekret gegen sämtliche Juden der Stadt vom Rate durchsetzten. Josef Cohen selbst musste die Stätte seiner Wirksamkeit verlassen und setzte seine Praxis in Voltaggio fort, wo er hochbetagt starb.

Als Arztfamilie sind die Porta Leone zu nennen. Wir haben bereits als Arzt Königs Ferdinand von Neapel Benjamin de Porta Leone kennen gelernt. Dessen Sohn Elieser mühte sich redlich, ein würdiger Spross seines berühmten Vaters zu sein. Der Enkel David de Porta Leone war mit dem Doktorhut der Universität Padua geschmückt und übte mit regem Eifer die ärztliche Praxis in Mantua aus. Den höchsten Glanz erreichte diese gelehrte Familie in Benjamins Urenkel, Abraham de Porta Leone, auch Abraham meschaar Arië geheissen, der 1542 geboren wurde. Er hatte sich anfangs unter Anleitung der bedeutendsten Lehrer theologischen Studien gewidmet, ging später aber nach Pavia, um dort Medicin zu studieren. Da zogen ihn besonders die Lehren des Hippokrates und Galens mächtig an, zugleich auch die Philosophie des Aristoteles. Er erlangte den akademischen Doktorgrad im Jahre 1563, und schon drei Jahre später gehörte er dem Aerztekollegium seiner Vaterstadt Mantua an. 1564 hatte er auf Veranlassung des Herzogs Wilhelm Gonzaga von Mantua Untersuchungen über das Gold und seinen Heilwert angestellt und das Ergebnis derselben veröffentlicht; die Verwendung dieses Edelmetalls als Heilmittel war bis dahin den jüdischen Aerzten unbekannt. Später schrieb er noch zwei andere medicinische Abhandlungen. Die Frucht seiner rabbinischen Weisheit ist die Schilte hagibborim, 1607 vollendet, in welchem Buche er die hebräischen Altertümer, die synagogalen Ceremonieen u. ähnl. m. einer wissenschaftlichen Kritik unterwirft. Veröffentlicht wurde dies Werk, das noch in der Gegenwart auch von christlichen Theologen gerühmt worden ist, zu Mantua 1612, in demselben Jahre, in welchem Abraham de Porta Leone starb. Die medicinischen Abhandlungen hatte er in lateinischer Sprache abgefasst.

Abraham de Porta Leone war anfangs Theologe gewesen, hatte sich aber nie dem theologischen Berufe gewidmet. Dagegen gab es auch damals noch, wie früher, Rabbiner, die zugleich Aerzte waren. Im Jahre 1573 noch übte ärztliche Praxis der Rabbi Moses Jechiel zu Pesaro aus; er war Mitglied des Talmudkollegiums jener Stadt, das gerade in jener Zeit die gelehrtesten Israëliten in sich vereinigte. Zu Siena war Arzt und Rabbiner Isaak Cohen. Zu Venedig vereinigte fast gleichen Ruhm als Arzt, wie als Theologe, der gelehrte Elias Chalphen auf seinem Haupte; er lebte im zweiten Drittel des sechszehnten Jahrhunderts, zu derselben Zeit, in welcher in der stolzen Dogenstadt Josef Rofe und Elieser Rofe prakticierten. Etwas früher lebte in Ferrara der Arztrabbiner Mordechai Rofe, besonders als Rabbiner geschätzt.

Alle diese letztgenannten italienischen Juden wurden indessen durch einige nach Italien eingewanderte Ausländer überstrahlt. Einen harmonischen Dreiklang des Ruhmes haben deren Namen — der Franzose Bonet de Lates und die Spanier Jehuda Abarbanel und Jakob Montino.

Bonet de Lates war im kleinen Oertchen Lates bei Montpellier geboren worden und hatte in der Provence gewohnt, bis 1498 die Juden von hier vertrieben wurden. Er kam nach Rom und widmete sich astronomischen Studien, deren Ergebnis die Erfindung eines astronomischen Ringes war; dieser gab die Höhe der Sonne und der Gestirne an und liess die Stunden tags und nachts erkennen. Ueber die Theorie und die praktische Verwertbarkeit seines Instruments verfasste er eine lateinische Abhandlung und überreichte sie dem Papste Alexander VI. Borgia, der von 1492—1503 den Stuhl Petri inne hatte. Als dann nach der zehnjährigen Regierung des kriegerischen Julius II. des Mediceers Lorenzo feingebildeter Sohn als L e o X., von dem ein Geschichtsschreiber sagt, er habe „im Vatikan allen Glanz der Kunst und Bildung als ein Erbteil seines Hauses vereinigt", zur Herrschaft gekommen war, hatte B o n e t de L a t e s das hohe Glück, von ihm als Leibarzt erwählt zu werden. Wie hoch dieser edle Papst den französischen Juden schätzte, beweist folgende Thatsache. Ein schamloser getaufter Jude, Johann Pfefferkorn in Köln, hatte in Deutschland die Verleumdung der jüdischen Religionsbücher zu seiner Lebensaufgabe gemacht, als ob sie die Schmähung des christlichen Glaubens geböten und vom Kaiser Maximilian die Erlaubnis erwirkt, alle Bücher dieser Art, wo er sie immer fände, aufzugreifen und zu vernichten (1509). Da trat R e u c h l i n, ausgestattet mit den tiefsten Kenntnissen und begeistert von der Wahrheitsliebe, für die geschmähten Bücher mit der ganzen Wucht seiner verehrten Persönlichkeit in die Schranken und setzte dem irregeleiteten Kaiser in einer Schrift auseinander, dass im Gegenteil die jüdischen Bücher dem Christen nützten, da ihr Studium gelehrte und tapfere Kämpfe erwecke, die für die Ehre der Christuslehre gefochten würden. Es bildeten sich zwei Parteien, die Reuchlinianer und Pfefferkorns Sippe, die zehn Jahre lang einen fanatischen Federkrieg führten. Da endlich rief Maximilian die Entscheidung des Papstes Leo X. an, und Leos Leibarzt empfing von Reuchlin ein Schreiben über diese Sache mit der Bitte, Seine Heiligkeit über dieselbe aufzuklären und darauf einzuwirken, dass der Ketzerprocess gegen seine eigenen Schriften in seiner Diöcese ausgetragen werde; auch versäumte Reuchlin nicht, in dieser Zuschrift Bonets Wissen und seine treue Pflichterfüllung in seinem Amt als Leibarzt anzuerkennen. Wie dem auch sei, Papst Leo bestimmte den weisen Erzbischof von Speier zur Prüfung der Streitfrage, und dieselbe wurde zu Gunsten Reuchlins gegen Pfefferkorn entschieden.

Don J e h u d a A b a r b a n e l l, auch L e o m e d i c u s geheissen oder L e o H e b r ä u s, war zu Lissabon geboren worden und hatte die Kinderjahre in Castilien verlebt, wo sein Vater, Don Isaak

Abarbanell,[26]) zum Range eines Ministers gestiegen war und sich der Gunst Königs Ferdinand und der Königin Isabella erfreute, bis plötzlich 1492 das Verbannungsdekret gegen alle Juden Spaniens diese königliche Huld vernichtete. Vergebens hatte sich Isaak Abarbanell der Königin zu Füssen geworfen und um Gnade für seine Glaubensbrüder gebeten; der Grossinquisitor Thomas von Torquemada hatte den Sinn der Königin in seiner Gewalt, und die Juden mussten, wie wir bereits gesehen haben, als Bettler die pyrennäische Halbinsel verlassen. Isaak Abarbanell gab um des Glaubens willen Rang und Fürstenhuld freiwillig auf und folgte seinem unglücklichen Volke in die Verbannung. So kam also Jehuda 1493 nach Neapel. Hier wurde sein Vater an den Hof des Königs Alphonse II. gezogen, und, als dieser von Karl VII. von Frankreich vertrieben war, folgte die Familie Abarbanell dem König Alphonse nach Messina: nach dem Tode des Königs aber siedelten sie nach Corfu über. Mit seinem Sohne Jehuda reiste Isaak von hier 1503 nach Venedig und weiter nach Genua, wo er endlich Rast nach langer, mühseliger Wanderung fand. Aus der rührenden hebräischen Elegie Jehudas auf seinen Vater wissen wir, dass Isaak Abarbanell 1508 gestorben ist. Jehuda hatte sich trotz des unstäten Lebens, wohl wesentlich von seinem Vater angeleitet, zu einem tüchtigen Arzt und zu einem tiefen Denker entwickelt. Als Arzt diente er dem König Ferdinand I. von Sicilien und dem Nachfolger desselben, Alphonse II,; besonders der letztere schenkte ihm sein volles Vertrauen. Alle Zeitgenossen rühmen ihn als tüchtigen Arzt, als gefühlvollen Dichter und als tiefsinnigen Philosophen; in dieser letzten Eigenschaft hat sich Jehuda Abarbanell unsterblich gemacht, durch seine Dialoghi di Amore, italienisch abgefasst und veröffentlicht zu Rom 1535, dann noch mehrmals zu Venedig, zuletzt 1607. Die Dialoge sind in das Französische, in das Lateinische und in das Spanische übersetzt worden, und der berühmte Delitzsch hat nach 1840 eine Analyse dieses Werks gegeben. Jehuda Abarbanell schliesst, wie Delitzsch sagt, unter einem galanten Titel ein sehr bemerkenswertes philosophisches System ein; er bespricht die platonische Liebe, die Liebe der Engel, die Liebe in der Sternenwelt und die Liebe unter

---

[26]) In Lissabon war dieser geheimer Rat des Königs Alphonse V. gewesen; wie wir früher von Don Gedalia Ebn Jahiya erfuhren, dass er floh, weil der Nachfolger Johann II. allen Anhängern seines Vorgängers feindlich gesinnt war, so wandte sich damals aus gleichem Grunde Isaak Abarbanell nach Castilien, wo er anfangs als Privatmann lebte.

den Elementen. Medicinische Werke sind uns nicht von ihm überliefert worden.

Jehudas Bruder, Joseph, war übrigens gleichfalls Arzt; er lebte in Ferrara noch 1549.

Wie Abarbanell, floh als Opfer der Inquisition Jakob Montino aus Spanien nach Italien. Zu Tortosa geboren, kam er 1492 in jugendlichem Alter nach Venedig und wurde unter Obhut seines gelehrten Vaters hier erzogen. Er studierte eifrig Medicin und liess sich in seiner zweiten Heimat, Venedig, als praktischer Arzt nieder. Das war zur Zeit, als der früher genannte Elias Chalphen der gesuchteste Arzt unter den Juden war, und dieser Umstand mag Jakob Montino wohl den Aufenthalt in Venedig verleidet haben; er wandte sich nach Rom und wurde hier bald der erste Arzt des Papstes Paul III. Jakob Montino gehörte zu jenen jüdischen Aerzten, welche durch fleissige Uebersetzung medicinischer und metaphysischer Werke aus dem Arabischen oder Hebräischen in das Lateinische zur Kenntnis derselben beigetragen und damit einen wesentlichen Ansporn zu neuem Eifer in der medicinischen Forschung gegeben haben. Es ist diese Thätigkeit durchaus nicht gering zu schätzen, weil die Bekanntschaft mit jenen bis dahin dem Abendlande unverständlichen Texten das Bindeglied zwischen der alten griechischen und römischen Medicin und der neu erwachenden freien Forschung, auf der sich unser heutiges Wissen aufgebaut hat, geworden ist; ein wissenschaftliches Gebäude ist ja aus Bausteinen aller Völker und aller Zeiten errichtet, und ein höheres Stockwerk kann sich nur auf dem nächsttieferen stützen! Ueberhebung, die die Lehren der Vorfahren verachtet und nur im Modernsten das wahre Heil erblickt, ist nirgends unangebrachter, als auf dem Felde wahrer Wissenschaft und Erkenntnis. Mantino vermittelte namentlich die Bekanntschaft des Avicenna, des Averroës und des Maimonides dem Abendlande. Die lateinische Uebersetzung des Averroës hatte er dem Vorgänger seines Herrn, dem weisen Papst Leo X., gewidmet. Veröffentlicht wurden seine Uebertragungen in Rom und in Venedig.

Man erkennt leicht, wie in Italien gerade unter der Gunst der Päpste die Medizin unter den Juden gedieh und grosse Männer hervorbrachte, und man wird begreifen, dass die Missgunst der Stellvertreter Christi zu Rom die Entwicklung der jüdischen Aerzte hemmen musste. Wir haben ja diese Schwankungen in der Gesinnung der Päpste und die Parallelschwankungen im Blühen der Heilwissenschaft unter den italienischen Juden des Mittelalters schon wiederholt vor Augen geführt. Jetzt war fast ein Jahrhundert das Papsttum der Rückhalt der jüdischen Aerzte gewesen — da bestieg 1555 als Greis von 90 Jahren mit dem feurigen Hass eines Jünglings Paul IV. den Stuhl Petri. Er sperrte die römischen Juden in das Ghetto und verdammte sie zu Erniedrigungen, welche teilweise bis 1870 zu Recht bestanden; den jüdischen Aerzten aber verbot er nachdrücklichst, an das Krankenbett eines Christen zu gehen, selbst, wenn sie in der höchsten Not dahin gerufen werden sollten. Die Nachfolger Pauls IV. wachten streng über die genaue Befolgung dieser harten Beschlüsse. So beschränkte Pius V. die Berechtigung zum Wohnsitze im Kirchenstaate den Juden und beschuldigte die jüdischen Aerzte, deren Erfolge er wohl nicht leugnen konnte, dass sie durch magische Zauberkünste und durch Teufelswerke die Christen täuschten und irreführten. Gregor VIII. schärfte Pauls Dekret von neuem ein und bedrohte in der Bulle vom 30. März 1581 sowohl die jüdischen Aerzte, als die christlichen Patienten, welche sich trotzdem widerspenstig zeigen sollten, mit schweren Geldbussen.

In dieser Zeit unverständiger Kirchenbeschlüsse erwuchsen den jüdischen Aerzten zwei hochherzige, unerschrockene Verteidiger, David d'Askoli und David de Pomis. David d'Askoli schrieb eine Streitschrift für die jüdischen Aerzte gegen Paul IV. und übergab sie in lateinischer Sprache, allen Gebildeten verständlich, zu Strassburg 1559 der Oeffentlichkeit. Aber er mochte in seinem Eifer wohl zu weit gegangen sein und büsste ihn mit langer Kerkerhaft; sein letztes Schicksal ist unbekannt. Vorsichtiger trat David de Pomis, selbst Arzt und Sohn einer uralten jüdischen Familie mit einer ehrenvollen Geschichte, für die jüdischen Aerzte ein.

Dieser Mann war 1525 zu Spoleto geboren und ist 1588 in Venedig gestorben; 1551 erlangte er das Doktordiplom der Universität Perugia, an der er seit 1545 studiert hatte. Aus seinem ersten Wohnsitze, wo er selbstständig die Praxis ausübte, aus Magliano, vertrieben ihn die Dekrete Pauls IV. Seiner Habe beraubt, trat er in den Dienst des Herzogs Nikolas Ursino und dann in den der Familie Sforza. Als man ihn einst nach Chinsy berief, verschloss ihm der Bischof das Thor der Stadt. Endlich kam David de Pomis nach Rom und erlangte vom Papste Pius IV. das Privileg, christliche Kranke zu behandeln; Pius V. missachtete dasselbe, und der vielgewanderte Mann musste abermals seinen Wohnsitz verlassen. So kam er nach Ankona und fand endlich in Venedig eine Ruhestätte. Trotz dieser widrigen Schicksale hatte David de Pomis Mut und Schaffenskraft behalten und verfasste sein grosses Wörterbuch Hebräisch - Lateinisch-Italienisch, Zemach David betitelt, das 1587 in Venedig erschien, dem Papste Sixtus V. gewidmet. Andere Schriften, die ebenfalls meist in Venedig veröffentlicht wurden, sind Brevi discorsi et efficasissimi ricordi per liberare ogni città oppressa dal mal contagioso (1577), Discorso intorno a l'humana miseria (1578) und Enarratio brevis de senum affectibus praecavendis atque curandis, (1588) benannt. Die vorerwählnte Verteidigungsschrift, betitelt De medico hebräo enarratio apologica, ist „cum consensu superiorum" (1588) zu Venedig gedruckt worden und dem Herzog Franz MariaII. von Urbino zugeeignet. In zwölf Kapiteln weist David de Pomis die Anklagen gegen die jüdischen Aerzte zurück; der jüdische Arzt sei nicht unzuverlässig, er kenne keinen Glaubensunterschied in seiner Klientel, und er thue nicht unrecht daran, sich der Heilkunde hinzugeben; das Judentum beruhe auf göttlicher Satzung, welche die Sünde verbietet; jeder Jude sei verpflichtet, darnach zu handeln und dürfe Gottes Gebot weder übertreten noch hintansetzen; wer aber nach ihm lebe, muss tugendhaft leben. Der Jude, erklärt de Pomis weiter, ist kein Christenhasser, verdient aber auch nicht, von den Christen erniedrigt zu werden; vielmehr sollte Liebe Christ und Juden verbinden, und, da alle Anklagen gegen die Israëliten erlogen sind, müsse vor allem jeder christliche Fürst und der Papst gerecht gegen die Nachkommen Jakobs handeln. Seinen Beweis führt David de Pomis an der Hand geschichtlicher Daten und mit dem Hinweis auf zahlreiche rabbinische Sprüche, die von Sittlichkeit und von Menschenliebe zeugen. Er hat sich mit dieser Apologie jedenfalls in der Geschichte der Humanität ein monumentum aere perennius gesetzt!

Papst Sixtus V. hob in der That das Gesetz, dass jüdische Aerzte christliche Kranke nicht behandeln dürften, auf, und, wenn auch im allgemeinen die italienischen Juden bis in die neueste Zeit hinein Demütigungen und Beschimpfungen erdulden mussten, wenn auch nie wieder bis in die Gegenwart hinein die sonnigen Zeiten eines Bonifacius IX., eines Martin V. und eines Leo X. ihnen zurückkehrten, so gab es doch immer wieder duldsamere Männer, wie eben Papst Sixtus V., welche wenigstens das segensreiche Wirken der jüdischen Aerzte nicht verkannten und darum nicht hinderten. Darum gab es auch in der Folgezeit in Italien noch würdige Vertreter des ärztlichen Standes jüdischen Glaubens.

Bekannt ist aus dieser Zeit als Autor eines Werkes, das Likutim-merefuah betitelt ist, Mordechai Cohen: wie der hebräische Titel sagt, handelt es sich um eine Art Excerpta medica, um Auszüge aus medicinischen Schriften seines Grossvaters Gabriel. Zu Padua wirkte als Arzt Kalonymos ben Samuel, der mit seinem Vater und zwei Brüdern der Pest im Jahre 1635 zum Opfer fiel; ein einziger Bruder, Jehuda ben Samuel, der gleichfalls Arzt in Padua war, entging diesem traurigen Schicksal, weil er zur Zeit der Seuche zufällig fern von Padua war. Elias Antalti war in Venedig Arzt; er war ein gebildeter, aufgeklärter Mann, der die immer mehr um sich greifende Wiederbelebung der kabalistischen Lehren unter den italienischen Rabbinern lebhaft befehdete. Gleichfalls in der Markusstadt practicierte Josef Chamitz, der mehrere Abhandlungen über Zohar verfasst hat. Zu Mantua lebte bis gegen Ende des siebzehnten Jahrhunderts der Arzt Samuel Meldola und erfreute sich eines bedeutenden Rufes. In Padua war um die Mitte dieses Jahrhunderts David Chaïm Luria ein gesuchter praktischer Arzt.

Etwas grössere Bedeutung hat Ezechiel de Castro, aus einer gelehrten Familie, deren Glieder uns noch wiederholt begegnen werden. Er lebte in Verona und liess dort sein Amphitheatrum medicum, in quo morbi omnes quibus imposita sunt nomina ab animalibus raro spectaculo debellantur, 1646 erscheinen. Vorher (1642) war von ihm eine Abhandlung „Jgnis lambeus rarum pulchriscentis naturae specimen" veröffentlicht worden. Mit ihm lebte gleichzeitig der Doktor Jakob Lombroso in' Venedig, ein Mann von ausgezeichneten Kenntnissen, der aus Spanien stammte. Mit seiner ärztlichen Geschicklichkeit verband er grosses rabbinisches Wissen, wie die von ihm 1639 veröffentlichte, von Christen und Juden damals hochgeschätzte hebräische Bibel beweist, und innige Liebe zur Religion seiner Väter, wie aus dem Federkriege, den er mit dem judenfeindlichen Hugo Grotius in seinem Propugnaculum Judaismi führte, erhellt. Lombrosos Landsmann der Geburt nach war Moses Cordovero in Livorno, der als kluger und geschickter Arzt und als Menschenfreund geschildert wird.

Würdig geschlossen wird diese Liste der italienisch-jüdischen

Aerzte des siebzehnten Jahrhunderts durch Jakob Zahalon und Isaak Cardoso. Jakob ben Isaak Zahalon war 1630 in Rom geboren worden. Er studierte mit Eifer Medicin, besonders Chirurgie, und daneben rabbinische Wissenschaften und entfaltete dann in Ferrara eine segensreiche Thätigkeit als Arzt bis zu seinem Tode im Jahre 1693. Er ist Verfasser des berühmten Thesaurus vitae (Ozar Chaïm), worin er in dreizehn Abschnitten die gesamte Heilkunde abhandelt; der erste[27]) behandelt die Diätetik, der zweite die Fieber, der dritte Urin und Zunge, der vierte Gifte und Gegengifte, der fünfte die Symptomatologie, der sechste die Materia medica, der siebente bis neunte die specielle Pathologie, der zehnte die Chirurgie, der elfte die Gynäkologie, der zwölfte die Kinderkrankheiten, und der dreizehnte die Seelenkrankheiten. Als Anhang ist eine Abhandlung über Steinbildung und ihre Heilung beigegeben. Das Werk enthält auch interessante Schilderungen des Zustands in der Stadt Rom im Pestjahre 1651. Der Thesaurus vitae, der 1683 in Venedig erschienen ist, ist nur ein Teil eines gross angelegten Thesaurus scientiarum (Ozar hachokhmoth), von dem aber wohl nur noch zwei Teile geschrieben wurden, keiner aber weiter veröffentlicht ist. Isaak Cordoso war aus Portugal, wo seine Eltern als Scheinchristen lebten, wie viele andere, die ihre Heimat nicht verlassen mochten, darum die Taufe annahmen, aber dennoch im Geheimen als Juden lebten. So vermochte Isaak Cordoso in Madrid seinen Studien obzuliegen und dann auch als praktischer Arzt dort ungestört thätig zu sein als Ferdinand Cordoso, als welchen ihn sogar der Clerus von Madrid hochschätzte. Ueberdrüssig dieser Heuchelei, verliess er Spanien und wandte sich nach Italien, anfangs nach Venedig, später nach Verona, wo er sich öffentlich wieder als Israëlit bekannte und starb. Mit ihm hatte sein Bruder, der gleichfalls Arzt war, Abraham, sich aus Spanien geflüchtet; er erwarb sich in Tripolis hohes Ansehen. Isaak Cordoso hat in spanischer Sprache eine Abhandlung über den Nutzen des Wassers, sowohl des kalten, als des warmen, verfasst, die 1673 in Verona gedruckt worden ist. Als Arzt gehörte er in Verona zu den geachtetsten Persönlichkeiten.

Bereits in das folgende Jahrhundert ragt mit dem Ende seiner Wirksamkeit hinein Isaak Vita Cantarini, welcher 1633 zu Padua geboren war. Er war anfangs Schüler der rabbinischen Schule und besuchte erst später die Universität seiner Vaterstadt,

---

27) Nach Lilienthals Angabe, l. c. pag. 22.

um Medicin zu studieren. Nachdem er die Promotion empfangen hatte, widmete er sich dem ärztlichen Berufe in Padua und erfreute sich eines vortrefflichen Rufes, so dass sich seine Patienten aus allen Teilen Italiens einfanden; er soll sogar in Venedig einen erkrankten Patrizier behandelt haben. Später verwaltete er neben seiner ärztlichen Praxis auch das Rabbinat von Padua. Aerztliche Schriften sind uns nicht von ihm überliefert worden. Isaak Vita Cantarini starb hochbetagt im Jahre 1728. In seinen beiden Aemtern ersetzte ihn Sabbatai-Vita Marini bis zu seinem Todesjahre 1748. Dieser vielseitig gebildete Mann war zugleich ein vortrefflicher Dichter. welcher Ovids Metamorphosen nach einem italienischen Texte in hebräische Verse übertrug: die Veröffentlichung dieser interessanten Arbeit hinderte der Tod des Autors.

In Padua erwarb sich das Doktordiplom der medicinischen Falkultät auch Samson Morpurgo, der 1681 in Gradiska nahe bei Görtz geboren und in Venedig erzogen worden war; er vernachlässigte aber seinen ärztlichen Beruf mehr und mehr und starb als Rabbiner von Ankona 1740. Ueberhaupt finden wir im achzehnten Jahrhunderte in Italien wieder den ärztlichen Beruf mit dem geistlichen oftmals vereinigt. So war Isaak Lampronti ein tüchtiger Arzt und Wundarzt und gleichzeitig einer der gelehrtesten Rabbiner seiner Zeit. Er war in Ferrara geboren, wirkte und starb daselbst (1756) im Alter von mehr als 60 Jahren. Sein Sohn Salomon, der das Doktordiplom der medicinischen und der philosophischen Fakultät von Padua besass, war gleichfalls ein gesuchter Arzt in Ferrara. In dieser Stadt gab es überhaupt zahlreiche jüdische Aerzte in der ersten Hälfte des vorigen Jahrhunderts. Zeitgenossen des älteren Lampronti waren dort der Doktor Isaak Borgo und Mordochai Zahalon, der würdige Sohn Jakobs Zahalon: Zeitgenosse des jüngeren Lampronti war Doktor Jakob Heilpronn. In Verona lebte damals der Arztrabbiner Salomon Levi, von dem wir wissen, dass er 1731 eine Reise nach Amsterdam unternahm: vor ihm hatte in Verona Isaak Levi-Vali ärztliche Praxis ausgeübt. Zu Mantua zeichnete sich als Arzt Joseph Konia, der Sohn eines Apothekers, rühmlichst aus. Aus derselben Familie. wie er, stammte Salomon Konia. der besonders als Lehrer der Heilkunde eine grössere Beachtung beansprucht: seine bedeutendsten Schüler waren Tobias Cohen, von dem wir noch sprechen werden, Moses ben Benjamin Wolf und sein Sohn Israël Konia.

Die blühendste jüdische Gemeinde jener Zeit war wohl die von Livorno, und darum ist es nicht wunderbar, dass hier gerade zahlreiche jüdische Aerzte thätig waren. Isaak Pua gehörte zu den beliebtesten; er machte sich ausser seinem Berufe durch Einrichtung einer hebräischen Druckerei, aus der zahlreiche Drucke hervorgingen, verdient. Von Rom war nach Livorno Elias Concili, der zu Padua studiert hatte, gekommen, und bewährte sich als hervorragender Praktiker. Speciell auf dem Gebiete der Chirurgie und der Augenheilkunde glänzte Adam Bondi und erwarb sich eine zahllose Klientel, die nach seinem Tode Jakob Bondi, sein Sohn, übernahm; dieser neigte aber sehr zu den mystischen, unwissenschaftlichen Lehren der Kabalah und war vielleicht ein bedeutenderer Rabbiner, als Arzt. In dieser letzteren Eigenschaft übertraf ihn sein Sohn Azaria-Chaïm Bondi, der seinem grossen Grossvater ähnelte. Die Familie Bondi stellte in Zukunft zu den jüdischen Ärzten Italiens eine nicht geringe Anzahl. Endlich wäre von den Aerzten Livornos noch Emanuel Calbo zu nennen, Doktor der Heilkunde und der Philosophie von Padua, der sich in der Folge aber auch zum Kabalismus neigte.

Es erübrigt noch die Brüder Luzatto zu erwähnen, welche durch ihre seltene Treue zu einander dem menschlichen Herzen nahe gerückt werden. Beide waren in der Provinz Friaul zu Saint Daniel geboren — Ephraim 1729 und Isaak 1730 — und besuchten gemeinsam die Hochschule von Padua, wo beide an demselben Maitage des Jahres 1751 die Doktorwürde erlangten. Dann ging der jüngere in seine Vaterstadt zurück und wirkte unbehindert als tüchtiger Arzt bis 1777 in derselben; in diesem Jahre wurden die Juden von Saint Daniel verjagt und zerstreuten sich in verschiedene Orte Oesterreichs, besonders gingen viele nach Triest. Allein Doktor Isaak Luzatto erfreute sich so grosser Wertschätzung, dass ihm als einzigen Juden gestattet ward, im Städtchen zu bleiben und seinem Berufe auch ferner obzuliegen; er blieb in der That mit seiner Familie wohnen und prakticierte bis zu seinem Tode 1803. Ephraim Luzatto war anfangs in Padua geblieben, war aber dann in die Welt hinausgezogen und siedelte sich in London an (1763). Dreissig Jahre entfaltete er hier eine segensreiche Thätigkeit als Arzt; dann trieb ihn sein Herz zurück in die Heimat und zu seinem Bruder. Das Schicksal erfüllte seinen Wunsch nicht; Ephraim Luzatto starb auf der Rückreise in Lausanne (1799). Beide Luzattos besassen auch ein schönes poëtisches Talent. Von ihren Nachkommener weckt R a p h a e l L u z a t t o Interesse als erster jüdischer Arzt der Stadt Görz.

Zu Italien und zwar zu Venedig gehörte damals die Insel Zante. Dort wurde 1670 als Sohn einer aus Creta eingewanderten jüdischen Familie A b r a h a m C o h e n geboren; als fünfzehnjähriger Jüngling bezog er die Universität Padua, studierte fleissig Medicin und erwarb sich das Doktordiplom und zugleich die Rabbinatswürde. Als Arzt und Rabbiner kehrte er nach Zante zurück, und seine ärztliche Geschicklichkeit, seine vorzügliche Rednergabe und sein poëtisches Talent verschafften ihm rasch Gunst und Ansehen, so dass sein Tod (1722) allgemein betrauert ward. Es hatte übrigens schon vorher auf Zante ein Jude als Arzt gelebt; das war der von spanischen Eltern geborene Doktor J a k o b b e n U z i ë l. Er ist berühmt als Dichter eines heroischen Gedichts David, das noch heute Interesse verdient, weil es eine Beschreibung des alten Spaniens enthält[23]).

Wie wir sehen, gab es auch nach Paul IV. zahlreiche jüdische Aerzte in Italien. Sie waren tüchtige Praktiker, haben aber nicht mehr, wie ihre Vorgänger, wissenschaftliche Werke hinterlassen, welche zur Förderung der Wissenschaft beigetragen hätten. Die Dekrete Pauls IV. und seiner gleichgesinnten Nachfolger auf dem Stuhle Petri hatten die Blüte der jüdischen Medicin in Italien geknickt.

X. Die jüdischen Aerzte in Frankreich.

Die Schicksale der jüdischen Aerzte in Frankreich hatten wir bis zum vierzehnten Jahrhunderte einschliesslich verfolgt. Das fünfzehnte und sechszehnte Jahrhundert sind in der französischen Geschichte von kriegerischen Ereignissen erfüllt. Die Kämpfe mit England, der sogenannte englisch-französische Erbfolgekrieg von 1328—1360, hatten diese Periode bereits eingeleitet; die Wirren im eigenen Lande und der Bürgerkrieg unter der Regierung des geistesschwachen, schliesslich wahnsinnigen Königs Karl VI., welche das Land an den Abgrund führten, waren gefolgt, und dann waren von neuem Feindseligkeiten mit England ausgebrochen, Karl VIII. und Ludwig XII. unternahmen später Feldzüge nach Italien, die wenig glücklich für die Franzosen waren, und Franz I. lag mit Kaiser Karl V. in

---

[23]) Finkenstein, Dichter und Ärzte, Breslau 1864, pag. 20.

artem Kriege. Die zweite Hälfte des sechszehnten Jahrhunderts st durch die Hugenottenkriege und die Bluthochzeit genügend gekennzeichnet. Was die französischen Juden in diesen unruhigen Jahrzehnten anlangt, so hatte 1394 die französische Geistlichkeit von neuem eine Verbannung derselben aus dem Lande bewirkt; ihre Güter aber wurden als Staatseigentum eingezogen, Als dann Ferdinand und Isabella die Juden aus Spanien vertrieben hatten, König Emanuel aber aus Portugal, fanden einige Vertriebene in Frankreich ein Obdach; damals regierte Karl VIII., der letzte Fürst aus der älteren Linie der Valois (1483—1498).

In dieser Zeit finden wir zu Arles als Arzt Pierre de Notre-Dame, der von der Stadt besoldet wurde; wie es in Spanien Brauch gewesen war, bereitete er seine Medikamente selbst zu. Dieser Umstand veranlasste die Apotheker, die sich durch ihn geschädigt fühlten, so lange gegen ihn zu intriguieren, bis ihn die Stadt seines Amtes entsetzte. Pierre de Notre-Dame trat in den Dienst des Herzogs von Calabrien, und dieser übersandte ihn später seinem Vater, dem König René, der ihn sehr hochschätzte. Den Namen Pierre de Notre-Dame nahm dieser jüdische Arzt erst in vorgerückteren Jahren an, als er sich taufen liess; seinen jüdischen Namen kennt man nicht. Er wurde der Stammvater der berühmten Familie Nostradamus. Unter König René lebte auch Doktor Abraham Salomon, der sich so hoher Gunst erfreute, dass er von jeglicher Steuer frei erklärt wurde.

Ein Franzose von Geburt (aus Marseille) war Jakob Pronçal; er kam 1490 nach Neapel und verfasste dort eine Abhandlung über das Studium der Wissenschaften, besonders der Heilkunde.

Die Gastfreundschaft Frankreichs war nur eine kurze, und wir haben bereits erfahren, dass der in Frankreich geborene Bonet de Lates, der nachmals in Italien zu so hoher Berühmtheit gelangte, 1498 ein Opfer der Judenvertreibung in Montpellier geworden ist. Nur in Avignon, wo das Herrscherwort der Päpste noch immer galt, durften sich um die Wende des fünfzehnten Jahrhunderts noch Juden aufhalten, und unter diesen befanden sich auch Aerzte. Zu Pernes, einem kleinen Orte bei Carpentras, lebte der gelehrte Josef Kolon, ein fleissiger Uebersetzer medicinischer Texte; seine Uebersetzungen sind nicht veröffentlicht worden. Sein Zeitgenosse war Jehuda ben Salomon. In Avignon selbst wirkten Mordochai Nathan, Meister Nathan und Josef de Noves; Mordochai Nathan verfasste

Randbemerkungen zu Rabbi Meirs Werken. Einzelheiten über Lebenslauf und Schaffen dieser Aerzte sind nicht bekannt.

Dann müssen aber die jüdischen Aerzte dank der andauernden Verfolgungen in Frankreich vollkommen ausgestorben sein. Jedenfalls musste Franz I., der von 1515 bis 1547 regierte, als er, schwer erkrankt durch die Aufregungen seiner unglücklichen Kriege, wie durch sein ausschweifendes Leben, die Hülfe eines jüdischen Arztes wünschte, diese ausserhalb seines Landes suchen. Er ging seinen ehemaligen Gegner, den deutschen Kaiser Karl V., darum an: dieser sandte ihm einen Arzt. Weil ihn aber Franz für einen Christen hielt, sandte er ihn, ohne sich untersuchen zu lassen, nach Deutschland zurück [29]) und berief durch Vermittlung seines türkischen Gesandten einen jüdischen Arzt aus Constantinopel. Der französische König erkannte, dass ihm mit Recht die jüdischen Aerzte als die tüchtigsten seiner Zeit gerühmt worden waren; denn der Arzt aus der Türkei verordnete Eselinnenmilch, und Franz I. genas. Seitdem wurde der Gebrauch dieser Milch ein allgemeiner in Frankreich, und er verbreitete sich von diesem Lande über Europa.

Trotzdem sind jüdische Aerzte in Frankreich im sechszehnten Jahrhunderte eine seltene Erscheinung geblieben, weil den Juden die Kultusfreiheit nicht gewährleistet ward. Um so ehrenvoller ist die Laufbahn des Ely Montalto. Einer portugiesischen Emigrantenfamilie entsprossen, war er nach Italien gekommen und hatte dort voll Eifer Medicin studiert. Sein Ruhm als Arzt drang bald nach Paris, und Königin Maria (aus dem Hause Medici) bestellte ihn als ihren Leibarzt. Montalto war charaktervoll und nahm diese Auszeichnung nur an, nachdem ihm die volle Freiheit der Religionsübung verbrieft worden war. Heinrich IV., der erste Bourbone auf Frankreichs Thron, bewilligte diese Bedingung für ihn und seine ganze Familie; er gewann ihn in der Folge lieb und wert, und als Beweis der rührenden Fürsorge des Königs für Montalto erzählt man, Heinrich IV. habe, so oft der Leibarzt Freitags ausserhalb der Stadt Kranke zu besuchen hatte, durch Vorspannpferde dafür Sorge tragen lassen, dass er vor Sonnenuntergang, also vor Sabbathanfang, in seine Behausung zurückkam. Als Montalto sodann 1615 zu Tours starb (der königliche Hof war damals auf der Reise nach Spanien zur Feier der Vermählung Isabellas von Bourbon mit Philipp IV. begriffen), liess die Königin seinen

---

[29]) Cabanis, Révolution de la médecine, page 128, citiert von Carmoly.

Leichnam einbalsamieren und nach Holland überführen, damit er auf einem jüdischen Friedhofe sein Grab finde; dieser Leichentransport währte vom Oktober 1615 bis Mitte Februar 1616. Durch zwei Abhandlungen, die 1614 in lateinischer Sprache erschienen sind, machte sich dieser Arzt in weiteren medicinischen Kreisen bekannt, während ein philosophisch-theologisches Werk von ihm in der Sprache seiner Heimat. also portugiesisch, geschrieben worden ist. Montaltos Sohn Isaak war gleichfalls Arzt; aus einer Bemerkung desselben in einem von ihm veröffentlichten Werke geht hervor, dass Ely Montalto nach Heinrichs Ermordung 1610 auch Arzt und Ratgeber Königs Ludwig XIII war, der unter Vormundschaft seiner Mutter Maria als neunjähriger Knabe den Thron ererbte.

Auch Montaltos Gunst wurde nicht verallgemeinert. Denn Orobio de Castro, welcher um die Mitte des siebenzehnten Jahrhunderts an der Universität zu Toulouse medicinische Vorlesungen hielt, war als Scheinchrist nach Frankreich gekommen. Er war, wie Montalto, Portugiese von Geburt; seine Eltern hatten das Christentum angenommen, um den Bedrückungen zu entgehen, sie erzogen aber ihren Sohn als Balthasar insgeheim als Juden. Orobio oder Balthasar de Castro studierte zu Salamanka und vertiefte sich in die Lehren der Scholastik und Metaphysik; in diesen Disciplinen unterrichtete er später an der Universität. Erst dann begann er Medicin zu studieren und wurde ein gesuchter praktischer Arzt in Sevilla. Hier machte er sich aber der Ketzerei verdächtig und wurde verhaftet. Drei Jahre suchten die Vertreter des Rechts unter Anwendung bestialischer Folterqualen dem unglücklichen Manne das Geständnis, dass er Jude sei, zu erpressen; aber, so oft er auch den Tod vor Augen sah, Orobio de Castro blieb standhaft und musste der Freiheit zurückgegeben werden. Doch wandte er diesem barbarischen Lande den Rücken und kam eben nach Toulouse. Obgleich er höchste Achtung gewann und den Titel eines königlichen Rates verliehen bekam, konnte er dennoch nicht wagen, sich als Juden zu bekennen. Dieser Heuchelei überdrüssig, warf er Amt und Ehren fort und ging nach Amsterdam, wo er öffentlich als Jude leben durfte. Er gewann hier rasch eine so ausgedehnte Praxis, dass er zu wissenschaftlicher Bethätigung wenig Zeit fand. Nur die Bekämpfung Spinozas (1684) und seine Religionsdispute über das Judentum mit dem christlichen Theologen Philipp von Limburg (1686) fallen in diese Zeit.

Aus früherer stammen zahlreiche philosophische und theologische Schriften, teils lateinisch, teils spanisch geschrieben. Orobio de Castro starb zu Amsterdam 1687.

In die letzten Lebensjahre dieses jüdischen Arztes fällt die Geburt Johanns Baptists von Silva zu Bordeaux (1686), des Sprossen einer der gelehrtesten jüdischen Familien Portugals, aus deren Schooss zahlreiche Aerzte vor und nach Jean-Baptiste hervorgingen. Auch sein Vater erzog ihn zum Arzte und liess ihn in Montpellier studieren. Kaum neunzehn Jahre alt, errang er sich den Doktorhut der dortigen medicinischen Fakultät und wurde bald darauf Assistent bei Helvetius, der durch den Verkauf der von ihm geheim gehaltenen Ipecacuanhawurzel an Ludwig XIV. bekannt ist und sich um die Einführung dieses Medikamentes verdient gemacht hat. Sein Ruf wuchs so, dass er wiederholt zu dem kranken König Ludwig XV. (1721) berufen und schliesslich 1724 zu seinem Consiliararzt ernannt wurde. Ja, selbst im Auslande war sein Ruhm bekannt. Der Kurfürst von Baiern Karl, nachmals Kaiser Karl VI. von Deutschland, berief ihn zu sich nach München; die Kaiserin Anna, von Russland die von 1730—1740 regierte, trug ihm sogar 1738 die Leibarztstelle an ihrem Hofe an. Jean-Baptiste de Silva schlug sie aus, und sein dankbarer König verlieh ihm das Adelspatent. Auch Louis Henri von Bourbon, Prinz von Condé, erwählte ihn zu seinem ersten Arzte. Voltaire sagt in seinem Siècle de Louis XIV., dass Jean Baptiste de Silva ein gefeierter Arzt war, einer von denen, die Molière nicht zu verspotten gewagt hat. Schriftstellerisch bewährte er sich in seinem Traité de l'usage de différentes saignées, principalement de celle du pied, gedruckt 1727 in Paris, 1729 in Amsterdam; er sucht darin zu beweisen, dass jeder Aderlass ableitend und blutreinigend wirkt. Ferner erschienen in drei Bänden (1741, 1744, 1755) Dissertations et Consultations de MM. Chirac[30]) et Silva: die Veröffentlichung besorgte Bruhier und fügte ein Mémoire pour servir à la vie de Silva hinzu. Jean-Baptiste de Silva starb im August 1742.

Zugleich machte sich ein anderer Spross portugiesischer Emigranten in Paris berühmt. Fonseca war selbst noch in Portugal geboren worden; dort endeten Grossvater und Oheim als Opfer der Inquisition auf dem Scheiterhaufen, sein Vater

---

[30]) Chirac war gleichfalls Arzt Ludwigs XV. und ist bekannt als derjenige, der zuerst den Plan zu einer Gründung einer Medicin und Chirurgie umfassenden Akademie in Paris fasste.

rettete sich durch die Flucht, und der achtjährige Knabe wurde zwangsweise getauft. Aelter geworden, diente er im Geheimen der Religion seiner Väter, und, als er sich der Ketzerei verdächtig gemacht hatte, entfloh er nach Frankreich. Später ging er nach Konstantinopel und erwies sich aus Dankbarkeit gegen Frankreich, das ihm eine Zufluchtsstätte gewährt hatte, in der türkischen Hauptstadt besonders den französischen Ansiedlern dienstfertig. Abbé Sevin sagte von diesem jüdischen Arzte, dass seine Freundschaft ihm ein Bedürfnis sei und ihm bei seinem intimen Verkehr mit den ersten Würdenträgern der Pforte auch von grossem Nutzen sei. Auch zwei andere Franzosen, Marquis d'Argens und Motraye, sprachen voll Bewunderung von ihm. So war es begreiflich, dass Fonseca bei einer Rückkehr nach Paris offene Arme und offene Häuser fand; er verkehrte mit Voltaire, mit der Comtesse de Caylus u. a. m. Die vornehmsten Pariser wählten ihn als Arzt, und seine Bildung verschaffte ihm die Bekanntschaft mit den Geisteshelden seiner Zeit. Wissenschaftliche Werke hat er nicht hinterlassen; eine Abhandlung über die Pest, die 1712 in Leyden erschien, ist nicht von ihm, sondern von einem seiner Vorfahren, Abraham Fonseca.[31]) Fonseca starb in Paris in hohem Alter.

Im übrigen Frankreich finden sich nur wenige Zeitgenossen dieser Aerzte, die jüdischen Glaubens waren. Eine sehr alte Gemeinde war Nancy; sie war im Beginne des vierzehnten Jahrhunderts vertrieben worden und hatte erst im Beginne des siebenzehnten Jahrhunderts eine neue Existenz gewonnen, begann aber sehr bald und rasch aufzublühen. Doch 1721 verwies Herzog Leopold alle Juden, welche nach 1680 zugezogen waren, der Stadt, und die übrigen durften nur unter beschämenden Bedingungen und unter einer Art Polizeiaufsicht wohnen bleiben. Erst unter Stanislaus besserten sich diese Verhältnisse, und nun begannen sich auch Juden in Nancy wissenschaftlich, u. a. als Aerzte, auszuzeichnen. Ein Kind dieser Stadt war Isaak Assur, der zu Strassburg Medicin studierte und dort das Doktordiplom empfing; er übte mit grossem Erfolg in Nancy die Praxis aus und beschäftigte sich in seinen Mussestunden mit Mathematik. Nach ihm liess sich als Arzt in Nancy Jakob Berr nieder, anfangs nur Wundarzt; später wurde er in Nancy selbst von der Universität zum Doktor der Medicin creiert.

---

[31]) nach Carmoly, pag. 199.

Nach Ausbruch der Revolution setzte er in Metz seine ärztliche Thätigkeit bis zu seinem Tode fort.

Durch die Revolution wurden dann gewaltsam alle Verhältnisse und somit auch die der Juden in Frankreich umgestürzt. Dem Principe der proklamierten Égalité, Liberté und Fraternité konnte nur durch die Gleichstellung der Israëliten mit allen Citoyens genügt werden. Die Pariser Universität hatte bereits einen Preis für das beste Werk über die Verbesserung der Judenverhältnisse ausgesetzt und von den eingelaufenen Arbeiten drei gekrönt. Da brach die Revolution aus, und die Juden reichten der konstituierenden Nationalversammlung am 4. August 1789 ein Bittgesuch um Emancipation ein, das auf Befürwortung des Vicomte de Noailles und des Herzogs de Montmorency genehmigt ward. Napoleon I. führte 1806 durch Berufung des sogenannten Synedriums von 71 gelehrten Männern diese Anschauung völlig zum Siege, und wir haben demnach in Frankreich keine Sonderstellung der jüdischen Aerzte in unserm Jahrhundert, haben also auch keine Geschichte der jüdischen Aerzte mehr; sie ist verwebt mit der Geschichte der französischen Medicin. Schon 1830 zählte man in Frankreich siebenundzwanzig Aerzte jüdischen Glaubens, und bis heute ist ihre Zahl bedeutend gewachsen; viele davon haben zum Ruhme der französischen Medicin beigesteuert, nicht mehr als Juden, sondern als Franzosen!

XI. Jüdische Aerzte in türkischen Landen.

Schon seit dem Jahre 1355 begannen die Osmanen oder Türken von Kleinasien her in Europa einzubrechen; das morsche Kaiserreich, das man einst das byzantinische, später das griechische hiess, vermochte den tapferen Asiaten keinen bedeutenden Widerstand zu leisten, und schon 1361 setzten sich diese in Adrianopel fest. Gegen die Mitte des fünfzehnten Jahrhunderts beschränkte sich das griechische Kaiserreich auf Constantinopel und dessen Umgebung. Der Sultan Mehemed II. eroberte 1453 auch diese Stadt und bereitete damit der griechischen Herrschaft ein Ende; der letzte Kaiser, Constantin XI., fiel heldenmütig auf den Trümmern seiner Hauptstadt, und das Kreuz der Sophienkirche ist seitdem durch den Halbmond ersetzt.

Mit dem Eroberer Constantinopels zog der erste jüdische

Arzt unter der europäisch-türkischen Herrschaft in die Stadt ein. Denn Mehemed's Leibarzt Hekim-Jakob war Jude von Geburt und nahm erst später, als ihm die Würde des Vezirs winkte, den Islam an. Seine Erfahrung und sein Wissen wurden hoch gerühmt. Als dann kurze Zeit darauf die Verbannten Spaniens und Portugals die Welt durchirrten und ein Asyl suchten, öffnete das junge Türkenreich im Osten Europas willig seine Grenzen und nahm viele Tausende dieser Obdachlosen auf. Auch in der neuen Heimat vergassen die Juden ihre Kulturmission nicht; bald blühten jüdische Schulen im Lande, die ein reges, geistiges Leben vermittelten. Die ererbte Liebe zur Medicin erwachte unter dem friedlichen Schutze der türkischen Sultane, und, wie berühmt nach wenigen Jahrzehnten bereits die jüdischen Aerzte der Türkei waren, erkannten wir ja schon aus der mitgeteilten Thatsache, dass Franz I. von Frankreich, als er einen jüdischen Arzt zu Rat zu ziehen wünschte, ihn aus der Türkei herbeirufen liess.

Unter der Regierung Selims I., der dem Sohne des Eroberers von Constantinopel als dritter Sultan auf europäischem Boden gefolgt war, zeichnete sich von den spanisch-jüdischen Aerzten am meisten Salomon Almoli aus, der nicht nur ein geschickter Arzt, sondern auch ein vortrefflicher, hebräischer Grammatiker war. Medicinische Schriften sind uns nicht von Almoli bekannt; seine hebräischen Werke, darunter ein hebräisches Lexikon, sind teilweise wiederholt gedruckt worden. Sein Zeitgenosse war des Sultans Leibarzt Josef Hamon, der nicht aus Spanien, sondern aus Italien eingewandert war. Bedeutender aber war sein Sohn Moses Hamon, der Leibarzt des kriegerischen Soliman des Prächtigen (II.), der Gefährte desselben auf seinen Kriegszügen gen Westen, die wir alle aus Theodor Körner's „Zriny" mit besonderem Interesse kennen gelernt haben. Moses Hamon war ein kluger Arzt und ein gebildeter Mann, der mit gleicher Geläufigkeit die hebräische, die arabische, die türkische und die persische Sprache beherrschte; eine Abhandlung über den Pentateuch schrieb er z. B. in persischer Sprache. Moses Hamon war trotz seiner hohen Staatsstellung ein treuer Sohn seines Glaubens und versäumte keine Gelegenheit, seine Glaubensgenossen gegen Verleumdungen und böswillige Unterstellungen zu verteidigen. Besonders damals, als zu Amasie in Kleinasien die Juden beschuldigt wurden, Christenblut gebraucht zu haben, und viele Juden, darunter

auch ein Arzt, Jakob Abiub, zum Scheiterhaufen geschleppt
worden waren, nach diesem Justizmorde aber der angeblich ge-
tötete Christ wieder auftauchte, da war es Moses Hamon,
der den Sultan zu einer strengen Untersuchung der Angelegen-
heit zu bestimmen wusste, deren Ergebnis die strengste Bestrafung der gewissenlosen Richter und die Verfügung waren,
dass künftig ähnliche Anschuldigungen nur vom Sultan selbst zu
entscheiden seien. Ein zeitgenössischer Reisender schreibt von
seinem Aufenthalte in Constantinopel „Zu Constantinopel ist
Moses sehr mächtig und steht in hoher Gunst beim Sultan.
Er hat Hervorragendes geleistet, was erwähnt zu werden verdient und in jeder Stadt, in jeder Familie, zu allen Zeiten bekannt werden sollte, damit er ewig im Gedächtnis der Nachwelt
fortlebe; wollte ich einzeln aufzählen, was zum Beweis für sein
grosses Herz dienen könnte, so möchte ihn das vielleicht kränken.
Er hat gelehrte Männer um sich gesammelt und hat eine Hochschule errichtet; zu diesem Werk hat er ein eigenes Gebäude
aufbauen lassen und grosse Summen dafür verausgabt, und darin
lebt man unaufhörlich dem Studium" [32]). Neben diesem Manne
war Arzt am Hofe Solimans der Portugiese Tom Ebn Jahya.
Er hatte in Constantinopel studiert und erwarb sich neben seinen
medicinischen Kenntnissen ein so hervorragendes Wissen in der
damaligen türkischen Jurisprudenz, dass türkische Richter in
schwierigen Fragen seinen Rat einholten. Auch er war sehr
sprachenkundig. Seine ärztliche Tüchtigkeit belohnte der Sultan
dadurch, dass er für ihn und für seine beiden Söhne ein be-
trächtliches Jahrgeld auswarf. Tom Ebn Jahya starb in vorgerücktem Alter in Constantinopel. Von seinen beiden Söhnen
lebte der ältere, Josef, ebenfalls in der Umgebung des Gross-
herrn, während der jüngere zu Saloniki eine ausgedehnte Praxis
betrieb und sich in seinen Mussestunden philosophischen Studien
hingab. Spanier von Geburt war Abraham Halevy Ebn
Megas, der im Gefolge Solimans das Heer nach Syrien begleitete und aller Orten, wohin er kam, Beweise seines hervorragenden Könnens gab; die spanische Gemeinde in Damaskus
forderte ihn noch lange Zeit nach seiner Rückkehr nach Constantinopel auf, sich in ihrer Mitte niederzulassen. Er überlebte
den grossen Sultan, der 1566 starb. Von seinen wissenschaftlichen Werken ist uns nur eines, das 1585 zu Constantinopel

---

[32]) Salomon Athia von Jerusalem in der Vorrede zum Kommentar
zu den Psalmen. Venedig 1549. (citiert von Carmoly).

gedruckte Khabod Elohim, in dem er seine Reisen im Orient beschreibt, überkommen, Sein Zeitgenosse war in Constantinopel **Abraham Nachmias**, der verschiedene medicinische Schriften verfasste; die Abhandlung über Hämatemesis wurde 1591, die über Gehirnfieber 1604 zu Venedig in lateinischer Uebersetzung veröffentlicht.

Eine sehr zahlreiche Gemeinde jüdischer Emigranten besass im sechszehnten Jahrhunderte Saloniki. Darum finden wir auch hier zahlreiche jüdische Aerzte. Zu den gesuchtesten Praktikern zählte **Samuel Uziel**. Seine letzte Lebenszeit verbrachte in dieser Stadt einer der bedeutendsten jüdischen Aerzte, die es überhaupt gab, **Jean Rodriguez**, bekannt als **Amatus Lusitanus**. Er war 1511 zu Castello-Bianco in Portugal geboren und hatte unter der Maske des angenommenen Christentums in Salamanka studiert; praktische Ausbildung in den Spitälern dieser Stadt beförderte namentlich seine chirurgischen Kenntnisse. Die Furcht vor der Inquisition trieb ihn dann aus Spanien durch Frankreich und durch die Niederlande nach Italien. Er liess sich in Ankona nieder und wurde bald einer der berühmtesten Aerzte Italiens. Von Nah und Fern strömten ihm Patienten zu; Papst Julius III. berief ihn wiederholt zu sich, der König von Polen (Siegismund II. ?) begehrte ihn als Leibarzt. Aber, um ungehindert als Jude leben zu können, schlug er solche Anerbietungen ab und ging nach Saloniki. Hier starb **Amatus Lusitanus** 1562. Sein Name lebt fort in seinen Werken, an deren Spitze die sieben Centurien stehen „Curationum medicinalium centurias septem"; in sieben Teilen werden je hundert Krankheiten behandelt mit Angabe von Krankengeschichten und besonderer Rücksicht auf Therapie. Die Titel seiner anderen Werke sind: Commentatio de introitu medici ad aegrotantem: de crisi et diebus decretrotoriis, Venedig 1557; in Dioscoridis Anarzarboei[39]) de materia medica libros quinque und enarrationes eruditissimae, Venedig 1553. **Amatus Lusitanus** war ein sorgfältiger und gewissenhafter Beobachter am Krankenbett und widmete sich seinen Kranken mit seltener Hingebung.

Andere Aerzte im Reiche des Halbmonds waren zu jener Zeit **David ben Schuschan** zu Jerusalem in der ersten

---

[39]) Pedanius Dioscorides aus Anazarbea Cilicien lebte unter Kaiser Nero und Vespasian. Sein Werk über die Arzneimittel ist das bedeutendste des Altertums in botanischer und pharmakologischer Hinsicht und galt im ganzen Mittelalter als untrügliches Orakel. (cfr. pag. 30.)

Hälfte des sechszehnten Jahrhunderts und, wohl gleichzeitig lebend, Isaak Chaber in Damaskus. Zu Tyrus lebte in hohem Ansehen mit einem Ehrensold des Sultans (Selim II. ?) Moses Abas, der neben seinen ärztlichen Talenten eine schöne poëtische Gabe hatte. Von den egyptischen Aerzten war wohl Samuel al Magrabi der bedeutendste Praktiker. Zu Patras wirkte bis zum Jahre 1533 als Arzt der aus Corfu gebürtige Messir Vidal, oder, wie er selbst sich zu nennen pflegte, David Vidal; in jenem Jahre eroberte General Doria die Stadt Patras, und David Vidal, seiner Bibliothek verlustig, ging nach Constantinopel. Im Jahre 1550 hielt er sich in Venedig auf. In Corfu selbst lebte der Arzt Samuel Valerio schon vor der Zeit David Vidals.

Im siebenzehnten Jahrhunderte wuchs hier die Zahl der jüdischen Aerzte beträchtlich, und um ihrer Kunst willen hatten sie Zutritt bei Hoch und Niedrig, bei Arm und Reich. Es finden sich unter ihnen tüchtige Praktiker und gelehrte Theoretiker. Einige gehörten zur Sekte der Karaïten; vielleicht hat Schabtai, der den Beinamen Arzt führte und zu denselben zählte, in Constantinopel gelebt. Von den übrigen ist z. B. Samuel Salum, der aus Egypten gebürtig war, erwähnenswert; er übte die ärztliche Praxis um die Wende des sechszehnten und siebenzehnten Jahrhunderts mit grossem Erfolge in Constantinopel aus. Ein Nachkomme spanischer Emigranten war Isaak Jaabez, gleichfalls Arzt in der türkischen Hauptstadt, der dort im Beginne des siebenzehnten Jahrhunderts gestorben ist; er hat gelehrte Kommentare zu den heiligen Büchern verfasst, während medicinische Abhandlungen von ihm nicht bekannt sind. In der Türkei selbst und zwar zu Saloniki war Moses Amardji geboren, der Arzt und Günstling am Hofe des Sultans war. In vorgerückten Jahren zog er sich in seine Vaterstadt zurück und starb daselbst. In Saloniki gab es zu seiner Zeit noch andere jüdische Aerzte, von denen Jehuda Chendali als gründlicher Arzt und als weiser Philosoph, Abraham Cohen als hervorragender Praktiker und edler Charakter gerühmt wird. Abraham Cohen verkehrte sehr häufig am Krankenbette Andersgläubiger. Anfangs Arzt in Saloniki, später aber Rabbiner in Askophia war Abraham Melamed.

Aus Flandern kam 1633 Leo Siaa nach Constantinopel und gewann rasch eine ausgedehnte Klientel; hinterlassene Schriftstücke lassen erkennen, dass er die lateinische und die arabische

Sprache verstand. Von portugiesischen Eltern war in Constantinopel selbst Ephraim Penseri zur Welt gekommen; er vertiefte sich in späteren Jahren in die Kabala und ging zu ihrem Studium nach Damaskus, wo er, als Heiliger verehrt, starb. Von spanischen Scheinchristen war noch in Spanien Abraham ben Iaisch geboren; er verliess die pyrennäische Halbinsel, um sich offen als Israëlit zu bekennen, und unternahm von Lissabon aus eine Reise nach Amerika. Die Rückreise hatte ihn nach Constantinopel und nach Damaskus geführt, wo er als Arzt wirkte. Salomon Konia, den wir schon in Padua als Arzt und Lehrer kennen lernten, (cfr. pag. 76), wirkte in gleicher Weise auch Jahre lang in Constantinopel; hier waren seine besten Schüler David Coriel, später Arzt in Adrianopel, und wiederum sein Sohn Israël Konia, der die Praxis seines Vaters in der Residenzstadt fortführte.

Sehr reich an jüdischen Aerzten war das damals zur Türkei gehörige Palästina. Schon 1625 gab es in Jerusalem selbst fünf: den Spanier Jakob Ebn Amram, den Castilianer Isaak Chabilis, ferner Jakob Aboab, Samuel Halevy, der Leibarzt des türkischen Paschas war, und Elieser Archa, der sich neben tüchtigem ärztlichen Können durch reiches talmudisches Wissen auszeichnete. Bald darauf gewann auch Isaak Espagna in Jerusalem den Ruf eines bewährten Praktikers, und als Mann von vierzig Jahren kam schliesslich aus Jassy in der Walachei nach der heiligen Stadt der Arzt Jakob Ebn Arvani. Ausserhalb der Hauptstadt lebten und wirkten Jakob Zemach, ein Portugiese von Geburt, der 1619 nach Palästina gekommen war und in seinen letzten Lebensjahren nach Jerusalem verzog, und Chaja Rofe, der gesammelte Schriften als Maasse Chaïa schrieb, veröffentlicht von seinem Sohne Meier, Arzt in Hebron, und in einer zweiten Auflage 1727 zu Fürth gedruckt.

Endlich reiht sich an diese Männer, die weniger wissenschaftlich thätig waren, aber als gewiegte Praktiker der Menschheit nützten, ein hochgebildeter, viel gewanderter Mann, der durch seine Geburt der Türkei und dem siebenzehnten Jahrhundert angehört — ich meine Josef Salomon del Medigo, noch bekannter als Josef von Candia.

Er war auf der Insel Candia im Sommer 1591 geboren als Nachkomme des bereits erwähnten berühmten Elias del Medigo. Kaum fünfzehnjährig bezog er die Hochschule zu Padua und machte sich hier durch seinen lebhaften Eifer für die Naturwissenschaften und die Philosophie bemerkbar. Als

Doktor der medicinischen Fakultät kehrte er in seine Heimat zurück und begann etwa 1613 dort seine ärztliche Praxis. Etwa drei Jahre später trieb ihn Wissensdurst nach Egypten und von hier nach Constantinopel; hier sowohl als vorher in Cairo besuchte er namentlich die Lehranstalten der Karaïten. Dann kam er nach Polen, die Walachei durchwandernd, und musste hier, um seinen Lebensunterhalt zu gewinnen, ärztliche Praxis ausüben. Sein Ruf verbreitete sich rasch, so dass ihn Fürst Racziwil nach Litthauen kommen liess. Aber Josef von Candia war ein unstäter Mann; nach einigen Jahren setzte er seine Wanderung fort nach Deutschland und hielt sich in Hamburg auf, bis ihn die Pest nach Glückstadt in Schleswig vertrieb. 1627 finden wir ihn in Amsterdam, und hier liess er seine ersten Werke erscheinen. Später durchzog er wieder Deutschland und Böhmen, 1650 war er in Prag, 1652 in Worms und dann wieder in Prag, wo im Herbst 1655 der Tod ihn zu rasten zwang. Da ruht er auf dem alten Judenfriedhof, und ein Denkmal bezeichnet seinen Hügel. Trotz dieses Wanderlebens fand Josef von Candia Zeit, eine Anzahl wissenschaftlicher Werke naturwissenschaftlichen, philosophischen, theologischen Inhalts abzufassen; Carmoly zählt ihrer 36 auf. Uns Aerzte interessieren davon eine Abhandlung zur Kenntnis der Schatten (Zel hachokhma, Manuscript), eine Abhandlung medicinischen Inhalts (Refuoth Thaale), eine Schrift über die Wunder der Chemie und der Mechanik (Chefesch mechuppasch), eine über den Regenbogen und seine Farben, eine Uebersetzung der Aphorismen des Hippokrates in das Hebräische mit Kommentar und der Dialoghi die Amore von Jehuda Abarbanell. Auch ein Ueberblick über die Litteraturgeschichte der Juden stammt aus seiner Feder; dieses Werk wurde 1834 in der Krim gedruckt und abermals mit deutscher Uebersetzung und Erläuterungen von Geiger 1840 in Berlin herausgegeben. Was sonst im Druck von ihm erschien, ist theologischen bezw. kabalistischen Inhalts.

Während Josef von Candia von der Türkei ausgegangen war und wesentlich im Auslande seinen Ruhm begründete, war in Constantinopel Tobias Cohen eingewandert und schuf sich hier seine ehrenvolle Stellung. Er war 1652 zu Metz geboren und hatte deutsche Bildung genossen. Denn ihm und einem nachmaligen Arzte Gabriel war es als den ersten Juden vergönnt, zu Frankfurt an der Oder die Universität zu besuchen; es geschah auf besondere Ordre des Kurfürsten Friedrich

Wilhelm, genannt der Grosse, von Brandenburg. In Padua cfr. pag. 76) setzte Tobias Cohen seine Studien fort und promovierte daselbst. Dann liess er sich in Constantinopel nieder und erwarb bedeutendes Ansehen. Fürst Maurocordato und Vezir Rumi-Pascha führten ihn bei dem Sultan Achmed III. ein. Im Jahre 1708 begab er sich nach Venedig, um seine Werke in Druck zu geben. Auf der Rückreise besuchte er Palästina und starb zu Jerusalem im Jahre 1729. Tobias Cohens Gesamtwerke wurden 1708 zu Venedig das erste und 1728, also noch zu seinen Lebzeiten, zu Jesnitz das zweite Mal gedruckt. Der erste Teil dieses Buches beschäftigt sich mit physikalischen, astronomischen und sonstigen naturwissenschaftlichen Fragen, während der zweite ganz der Heilwissenschaft gewidmet ist. Da finden wir eine Uebersicht über die Krankheiten in topographischer Anordnung, wie es damals allgemein [34]) Brauch war, so dass er mit den Krankheiten des Kopfes begann. Unter Cohens neuen Beobachtungen sind seine Bemerkungen über die namentlich in Polen endemische Plica (Plica polonica, Weichselzopf) hervorzuheben; er erfuhr als Student in Padua davon durch einen brieflichen Bericht aus Lemberg, und wir hören, dass die polnischen Aerzte dieser Krankheit gegenüber ratlos waren und schon vor Tobias Cohen die Fakultät von Padua um ihr Gutachten darüber ersucht hatten. Tobias Cohen meint, die endemischen Krankheiten müssten durch verschiedene Ursachen, nicht durch eine einzelne, bedingt sein — nach unserem heutigen Wissen eine treffende Bemerkung! Im vierten Abschnitt finden sich seine Beobachtungen über die Hydropsieen, und er kennt Hydrothorax, Ascites und akuten Hydrocephalus. Bei der Lehre von den Krankheiten des Fusses wird das Podagra angeführt und eine neue Behandlungsart beschrieben. In Anhängen bespricht der Autor die Fieberlehre nach den Anschauungen der alten Aerzte und seiner Zeitgenossen, wie nach seinen eigenen Beobachtungen, dann die kontagiösen und epidemischen Krankheiten mit Bemerkungen über die Pest und das Regime zu Pestzeiten, drittens die Eigentümlichkeiten des weiblichen Geschlechts (Jungfrauschaft, Gattin und Mutter; Menstruation, Schwangerschaft, natürliche und künstliche Entbindung), viertens die Kinder-

---

[34]) Z. B. beginnt Hellwigs Chirurgie vom Jahre 1713 „Wir wollen im Nahmen GOTTES den Anfang von den Wunden des Haupts und was darzu gehöret machen.

krankheiten mit einem besonderen Abschnitt über die Pocken, fünftens über Zeugung, Verminderung des Samens und seine Ursachen und endlich über die Arzneipflanzen. Dem Werke beigegeben ist ein Register der Termini technici in drei Sprachen.

In der Vorrede zu seinem Werke sagt Tobias Cohen: „Die Heilkunde ist nach dem Ausspruch eines grossen Arztes sehr leicht im Munde der Charlatane, aber sehr schwierig in den Augen des echten Arztes. Maimonides sagte darüber in seinem Regimen sanitatis — „wer sich einem Arzt, dem die Theorie seiner Wissenschaft unbekannt ist, anvertraut, gleicht dem, der trotz widriger Winde auf Seereisen geht; oft leiten sie ihn ja nach seinem Wunsche, aber weit öfter verschlingen sie das Schiff, das ihn trägt!" Und weiter heisst es: „Der Arzt muss mit Sorgfalt alles, was auf jede einzelne Krankheit Bezug hat, studieren und aufmerksam den Kranken beobachten." Das scheint schon zu seiner Zeit das Publikum nicht mehr zu schätzen gewusst zu haben; denn aus seinen weiteren Ausführungen geht hervor, dass in der Türkei schon zu seinen Lebzeiten die Kurpfuscherei blühte, „dass falsche Aerzte darnach trachteten, die echten zu verdrängen." Sicher ist, dass nach diesen gelehrten Aerzten die Wissenschaft im allgemeinen und die Medicin im besonderen im Reiche des Halbmonds verfiel. Mystik und Aberglaube überwucherten im achtzehnten Jahrhunderte. Auch die politische Macht der Sultane war ja in dieser Zeit im Sinken begriffen, und im zweiten Drittel dieses Jahrhunderts verloren die Türken einen grossen Teil ihres Besitzes (die Walachei, die Moldau und die Krim) an die Russen. Dass aber in der neuesten Zeit politische Machtstellung und Höhe der Kulturentwicklung in der Türkei weit entfernt von den Zeiten Solimans gewesen sind, ist allgemein bekannt; speziell in der Geschichte der Medicin hat die Türkei ganz aufgehört, eine Rolle zu spielen.

Aehnliches gilt von den sonstigen Reichen der Moslim, von Marokko, Algier, Tunis und Tripolis — also in jenen Landstrichen, wo im Mittelalter die Medicin eine Pflegestätte fand und manchen tüchtigen Arzt aufweisen konnte. Gerade die Juden, welche hier wohnten, vergassen ganz und gar die hohe Kulturstufe und die geistige Entwicklung ihrer Vorfahren. Sie teilten im sechszehnten, siebenzehnten, achtzehnten Jahrhunderte, wie wohl heute noch, mit den Christen und den Mohamedanern das Vertrauen zu Amuletten; als solche dienten ihnen Pergamentstreifen mit Bibelsprüchen, Metallblättchen mit kabalistischen

Wunderzeichen, u. a. m. Der Arzt erfreute sich wohl beim Volke grosser Wertschätzung; aber er galt mehr als Zauberer, denn als Arzt. Und die Vertreter des ärztlichen Standes trugen wenig zur Wahrung ihrer Würde bei. Von Ort zu Ort zogen sie, mit einem Felleisen ausgestattet, und, wohin sie kamen, ertönte der Ruf „Ei kekim, ei kekim!" d. h. „der Arzt, der Arzt!" Die Kranken wurden vorgeführt, der Arzt fühlte den Puls und stellte ohne weitere Untersuchung den Krankheitsfall fest, öffnete das Felleisen, entnahm daraus ein Pulver oder Pillen, strich dafür sein Geld ein und setzte sein Geschäft anderen Ortes fort. Ihre Medikamente, die eine heftige Krise der Krankheit hervorrufen sollten, bereiteten diese sogenannten Aerzte sich selbst, und kein Gesetz bekümmerte sich um ihre Schädlichkeit oder um ihre Harmlosigkeit. Mit ihnen concurrierten in manchen Fällen die Geistlichen; namentlich übten sie, wie ihre Amtsgenossen im Abendlande ja auch, die Austreibung des Teufels bei Besessenen. Wenn man Carmoly glauben darf, dem ich diese Schilderung der trostlosen Zustände unter den Berbern entnehme, war es üblich, bei jedem solchen Falle einen Rabbiner, einen Priester und einen Derwisch um Hilfe anzugehen; denn man konnte niemals wissen, welcher Confession der Teufel, der in den armen Kranken gefahren war, angehörte, und jeder gehorchte nur dem Geistlichen seiner Religion, so dass es die Sicherheit des Verfahrens erheischte, eine dreifache Beschwörung vorzunehmen. Ein Nachtbild aus einer Zeit, in der in anderen Ländern die Sonne der Aufklärung mit glühendem Morgenrot sich verkündigte!

XII. Jüdische Aerzte in den Niederlanden.

Wir haben im letzten Abschnitt von einem Arzte gehört, der aus Flandern nach Constantinopel kam und haben von einem anderen vernommen, dass er im Beginne des siebenzehnten Jahrhunderts sich in Amsterdam einige Jahre aufhielt. Es ist unser Augenmerk durch diese beiden, Leo Siaa und Josef von Candia, auf die Niederlande gelenkt worden. Dieses Land war ehemals ein Teil des deutschen Reiches und war durch Kaiser Karl V. zu einem „habsburgischen Kronlande" gemacht worden. 1555 übergab er es seinem Sohne Philipp II. von Spanien, und, während Karl V. die Inquisition mit milder Nachsicht hatte walten lassen, wurde sie in Philipps Händen zur grausamsten Waffe eines unumschränkten Herrschers. Es ist klar, dass der spanische Einfluss und die fanatische Ketzerverfolgung Philipps in erster Linie jüdische Gemeinden und jüdische Aerzte nicht aufkommen liessen. Des berüchtigten Alba Schreckensherrschaft hat wohl überhaupt keine Wissenschaft in den Niederlanden gedeihen lassen, und die nachfolgenden Kämpfe zwischen dem freiheitliebenden Volke und dem ergrimmten Despoten erstickten gewiss ebenfalls jede geistige Regung im Keime. Erst, als sich 1581 die vereinigten Generalstaaten von der spanischen Krone losgesagt und unter Führung des edlen Wilhelm von Oranien gestellt hatten, begann sich das schwergeschädigte Land auf's neue zu entwickeln. Jetzt begannen auch spanische und portugiesische Juden einzuwandern, und bald hatten sich blühende jüdische Gemeinden im Lande, besonders in Amsterdam, gebildet, wo sie ohne Bedrückung und Beschränkung die Gastfreundschaft der eingesessenen Einwohner geniessen durften, und es wird verständlich, dass wir hervorragende Aerzte erst damals, als sich Josef von Candia nach Amsterdam begab, also im siebenzehnten Jahrhunderte, in den Niederlanden antreffen. In diesem Jahrhunderte begann ja überhaupt die glänzendste Epoche der niederländischen Medicin. 1597 hatte Pieter Paaw das erste anatomische Theater errichtet, der unsterbliche Reinier de Graaf, Friedrich Ruysch, Leuwenhök und Swammerdam lebten damals, und Sylvius stand in Leyden der medicinischen Klinik vor.

Damals lebte und wirkte auch einer der bedeutendsten Aerzte, die sich unter den jüdischen finden und die der Geschichte der Medicin dauernd angehören, in den Niederlanden. Abraham Sacchuth, bekannt unter dem Namen Zacutus Lusitanus, war, wie sein Beiname besagt, Portugiese von Geburt; zu Lissabon war er 1575 als Spross einer altangesehenen jüdischen Familie, die, wie viele andere, unter der Maske des angenommenen Christentums nach dem Verbannungsdekret Emanuels dort wohnen geblieben war, geboren. Sorgfältig erzogen und früh in der lateinischen Sprache unterrichtet, bezog er die Universitäten von Salamanka und von Coimbra, um Medicin und Philosophie mit Begeisterung zu studieren. Als Student verlor er seine Eltern durch den Tod, und Mangel an Existenzmitteln liess ihn nur mit Entbehrungen das Studium fortsetzen; aber zähe Ausdauer führte Sacchuth zum Ziele, und er war kaum zwanzig Jahre

alt, als er den Doktorhut errungen hatte. Er kehrte nach Lissabon zu-
zurück und lebte dort dreissig Jahre lang als praktischer Arzt, von Arm
und Reich gleich begehrt und gleich geliebt; nie hatte er aufgehört,
im geheimen als Jude zu leben, und den reifgewordenen Mann be-
drückte diese Heuchelei, so dass er all sein Glück in Portugal preisgab,
um 1625 in Amsterdam zu erscheinen und öffentlich sich als Jude
zu bekennen. „Seine Geschicklichkeit,“ sagt Paquot von ihm[35]),
„brachte ihm in Holland nicht weniger Ehre ein, als in Portugal;
er wurde nicht weniger von niedrigstehenden, als von hochge-
stellten Personen gesucht. Seine Freundlichkeit gegen Arme,
die er freigebigst unterstützte, und denen er niemals seine Hilfe
versagte, seine gewinnende und verbindliche Art, endlich seine
tadellose Lebensführung verschaffte ihm allgemeine Liebe und
Achtung.“ Sein Zartgefühl ging so weit, dass er sich zu ge-
schlechtskranken Frauen von einer ehrenwerten Holländerin, die
der portugiesischen Sprache mächtig war, begleiten liess; sie trug
die portugiesischen Fragen des Zakutus in holländischer Sprache
den Kranken vor und gab deren Antworten dem Arzte portugiesisch. Auf solche Art erfuhr er mancherlei, was damals weib-
liche Scheu dem männlichen Frager verheimlicht hätte. Wir besitzen noch ein Lobgedicht auf diesen Arzt, das von einem
Spanier, Johannes Pintus Delgado, in seiner Muttersprache verfasst ist: nach Finkensteins[36]) Uebertragung lautet es:

> Krank ist der Mensch vom Sündenfalle her;
> Und jeder muss, er weiss es, einmal sterben;
> Barmherzigkeit erlöst ihn vom Verderben
> Und bietet ihm des alten Glücks Gewähr.
> Und so erlangt verlorne Seligkeit
> Die Seele wieder mit dem Blick nach oben.
> Geheime Pflanzenkräfte muss er proben,
> Und auch der Leib genest von schwerem Leid.
> Du zeigst für beides uns den rechten Pfad
> Und wirst deshalb endlosen Lohn empfangen!
> Dein Beispiel lehrt das ew'ge Heil empfangen;
> Das Zeitliche besorgt Dein Wort und Rat.
> So hilft vom Tode Deine Weisheit allen,
> Und Deine Werke müssen Gott gefallen.

Ich weiss nicht, aus welchen Ursachen Häser[37]), sagt, dass Zakutus „seines Charakters wegen nicht eben grosses Ansehen genossen

---

[35]) citiert von Carmoly.
[36]) R. Finkenstein, Dichter und Aerzte: Breslau 1864, pag. 134/135.
[37]) Geschichte der Medizin, II. Band, pag. 139.

zu haben scheint". Gestorben ist dieser Arzt im Jahre 1642. Von seinen Werken wurden gedruckt: De medicorum principum historia, Amsterdam 1629—1642, 12 Bände, nicht eine Geschichte der Aerzte, wie der Titel sagt, sondern eine Geschichte der Medicin, eine Zusammenstellung der Beobachtungen und der Lehren der bedeutendsten Aerzte, vor allem Galens und der arabischen Aerzte, wobei Zakutus sich selbst als Anhänger Galens erweist; ferner de praxi medica admiranda, Amsterdam 1634, eine Sammlung von Curiosa aus der Medicin; drittens epistola de calculo qui gignitur in cavitatibus renum, non in substantia, Amsterdam 1638, gerichtet an Johann van Beverwijck, der in Dordrecht damals Arzt und Lehrer der Anatomie war und eine Schrift de calculo renum et vesicae verfasste; endlich introitus ad praxim et pharmacopoeam, Amsterdam 1641, eine Anleitung für den jungen Arzt zu geschicktem Benehmen am Krankenbett und eine Uebersicht über den Heilmittelschatz. Nach dem Tode des Autors erschien de praxi medica admiranda noch einmal zu Lyon (1643).

Gleichfalls portugiesischer Abstammung war Samuel de Silva in Amsterdam. Er war Doktor der Medicin und machte sich durch seine portugiesisch geschriebene Schrift „Tractado da immortalidade da alma composto polo Doutor Semuel da Silva" (1623), welche sich gegen die Lehren Uriels Akosta wandten, einen Namen. Der Angegriffene antwortete in heftigstem Zorn. Bekanntlich hat Gutzkow diesem Arzte in seinem „Uriel Akosta" ein schönes litterarisches Denkmal gesetzt. Ferner war der Vater des edlen Philosophen Baruch Spinoza Arzt in Amsterdam. Auch er war Portugiese, der das Scheinchristentum abwarf und sich nach Holland flüchtete; anfangs hatte er einige Zeit zu Anvers in Belgien prakticiert, war aber dann weiter nach Amsterdam gezogen und wirkte hier als Arzt bis zu seinem Tode. Baruch Spinoza selbst (1632—1677) war zwar kein Arzt, übte aber durch sein philosophisches System des Pantheismus insofern einen Einfluss auf die Heilkunde, als es wesentlich dazu beitrug, die Lehre vom Sensualismus und vom Cartesianismus zu stürzen. Der Sensualismus (Bacon) erklärte als einzigen Weg zur Erkenntnis die induktive Methode und erklärte als Quell der Erkenntnis die sinnliche Wahrnehmung, deren Untrüglichkeit als Axiom galt; der Cartesianismus (Descartes) liess das analytische und das synthetische Verfahren zur Erkennung der Wahrheit gelten und stellte in den Mittelpunkt seiner Betrachtung die Wahrnehmung der denkenden Substanz (cogito, ergo sum). Dadurch, dass Descartes als Grundlage der körperlichen Verrichtungen Bewegungen der festen und der flüssigen Gebilde bezeichnete, gab er den Anstoss zur Iatrophysik und Iatrochemie, welche die Medicin des siebenzehnten Jahrhunderts beherrschten. Spinoza setzte einen einheitlichen Quell aller Dinge voraus, Gott, und fasste Seele und Körper als ein und dasselbe Individuum auf; in Bacon bekämpfte er den Sensualismus, in Descartes den Materialismus. (Vgl. S. E. Löwenhardt, Benedikt Spinoza in seinem Verhältnis zur Philosophie und Naturforschung der neueren Zeit, Berlin 1872).

Dass Orobio de Castro in Amsterdam seine letzten Lebensjahre verbrachte und hier 1687 starb, haben wir bereits erwähnt, als wir von Frankreich sprachen. (cfr. pag. 81).

Um die Mitte des siebenzehnten Jahrhunderts war noch Samuel Jeschurun zu Amsterdam ein gesuchter Arzt; er ist auch als Dichter bekannt. Gerühmt wird ferner in der niederländischen Hauptstadt in jener Zeit der Arzt Samuel de Mercado.

Im achtzehnten Jahrhunderte erfuhr die Medicin unter den holländischen Juden merkwürdiger Weise eine geringere Pflege, als unter den Juden anderer Länder. Das ist um so auffälliger, als in dieser Zeit Hermann Boerhaave durch Wort und Schrift von seinem Lehrstuhle zu Leyden aus für die exakte Bearbeitung der Heilkunde eintrat und zahlreiche und unsterblich gewordene Koryphäen unserer Wissenschaft (van Swieten, de Haen u. a.) zu Schülern hatte: die anatomischen Studien aber förderten Albinus und Camper ebenfalls von Leyden aus.

Genannt zu werden verdient Salomon de Misa, der, ein Abkömmling portugiesischer Juden, zu Amsterdam geboren wurde. Nach einer sorgfältigen Erziehung studierte er Medicin und erwarb sich den Doktorhut. Er wurde Arzt der portugiesisch-jüdischen Gemeinde zu Amsterdam und genoss einen guten Ruf als Praktiker. Mit ihm war Arzt dieser Gemeinde Abraham de Fonseca, welcher zu Leyden Medicin studiert hatte und von der dortigen Fakultät als Doktor aufgenommen war. Seine Doktordissertation ist 1712 zu Leyden gedruckt worden und behandelte die Pest (cfr. pag. 83). Der deutsch-jüdischen Gemeinde von Amsterdam gehörte Jochanan van Embden an, der nicht nur ein beliebter Arzt war, sondern auch ein gründlicher Kenner der hebräischen Sprache: aus Vorliebe für diese begründete er auch eine hebräische Buchdruckerei zu Amsterdam. Zu derselben Gemeinde zählte Naphtali Herz, der etwa 1735 zu Amsterdam geboren wurde. Er studierte in Holland Medicin, liess sich aber, nachdem er eine Studienreise durch einen grossen Teil Deutschlands unternommen hatte, in Frankfurt an der Oder nieder und lebte hier bis zu seinem Tode als gesuchter Arzt. Wie wir noch erfahren werden, waren die Wechselbeziehungen zwischen Deutschland und Holland sehr häufige.

Im Jahre 1806 hatte der korsische Eroberer die batavische Republik aufgehoben und als Königreich Holland seinem jüngeren Bruder Ludwig übergeben: da aber dieser nach Napoleons Auffassung die Kontinentalsperre nicht straff genug handhabte, wurden 1810 Holland und Frankreich förmlich vereinigt. In dieser letzten Zeit der Selbstständigkeit Hollands war ein jüdischer Arzt, Doktor Meyer, Arzt am königlichen Krankenhause zu Amsterdam. Doktor Heilbronn erhielt sechs Mal den Preis der Akademie der Wissenschaften; neben ihm glänzte Doktor Stern. Ein Doktor David machte sich um die Einführung der Kuhpockenimpfung verdient, und viele andere hervorragende jüdische Aerzte lebten im Anfange unseres Jahrhunderts in den Niederlanden. Es war für die niederländischen Juden die Uebergangsperiode von den geduldeten Fremdlingen zu den gleichberechtigten Bürgern des Staates: denn unter Napoleons Einfluss fand diese menschenfreundliche That statt, und schon in der Mitte unseres Jahrhunderts lebten in Holland unter glücklichen Verhältnissen etwa hunderttausend Juden, die Abkömmlinge der spanisch-portugiesischen und der deutschen Einwanderer. Unter ihnen findet sich mancher trefflicher Arzt; aber er gilt nicht mehr als jüdischer, sondern als holländischer Arzt, und darum liegt eine Nennung ausserhalb unserer gestellten Aufgabe.

XIII. Jüdische Aerzte im deutschen Sprachgebiete.

Ueber unsere deutsche Heimat habe ich bisher fast ganz geschwiegen. Die deutschen Juden haben einmal unter Ausnahmegesetzen, unter Beschimpfungen und Demütigungen mehr gelitten, als die Juden aller anderen Länder; wenigstens wechselten dort Perioden friedlich-freundlicher Duldung mit Epochen plötzlich, gleichsam explosiv ausbrechenden Hasses, während hier das Feuer der Missachtung und Verfolgung eigentlich niemals ganz verlosch, sondern entweder leise glimmte oder in heller Flamme ausbrach. Die freie Entfaltung des Geistes war den deutschen Juden verwehrt: während Salerno und Montpellier, die, wie wir sahen, das Mekka der Medicinbegierigen im Mittelalter waren, jüdischen Jünglingen die Teilnahme an der wissenschaftlichen Nahrung gestatteten, verschlossen die deutschen Hochschulen denselben die Pforten. So vertieften sich andererseits die deutschen Juden mehr, als die anderen, in das Studium des Talmuds, der Kabala und der anderen theologischen Schriften, und sie hatten geringen Anteil am friedlichen Wettbewerb um die Palme in den profanen Wissenschaften. Jüdische Aerzte mag es gewiss gegeben haben — denn Juden gab es in manchen Gegenden Deutschlands und Oesterreichs schon in den frühesten Zeiten, zuerst vielleicht als Handelsleute aus dem römischen Reiche dahin eingewandert (z. B. suchten die Regensburger Juden 1477 dem Kaiser Friedrich III. nachzuweisen, dass bereits in vorchristlicher Zeit Juden in Regensburg ansässig waren[38]), und, wo wollten die Ausgestossenen anders Rat und Hilfe in Krankheitsfällen finden, als in ihrer Mitte? Aber die Bildung dieser ersten jüdischen Aerzte mag eine geringe, kaum auf der Höhe ihrer Zeit stehende gewesen sein; denn ich bezweifle, dass ihnen eine andere Grundlage, als die talmudische Medicin, zu Gebote stand, halte es sogar für möglich, dass in den orthodoxesten Gemeinden nach alttestamentlicher Anschauung die Krankheiten als Strafe des zürnenden Gottes betrachtet und als bestes Heilmittel Gebete angesehen wurden. Zu berücksichtigen ist auch, dass die grausamen, oft wahnwitzigen Verfolgungen des Mittelalters innerhalb des deutschen Sprachgebietes eben alles von Grund aus vernichteten, was den Juden gehörte, dass also etwaige Aufzeichnungen über jüdisches Leben und jüdische Aerzte vom Feuer, etwaige Augenzeugen und Zeitgenossen verdienter Männer von Feuer und Schwert vertilgt wurden. Horovitz, der die Geschichte der jüdischen Aerzte in Frankfurt am Main geschrieben hat[39]), bemerkt ausdrücklich: „Aus der ersten Blütezeit der Frankfurter Gemeinde, die im Jahre 1241 in der ersten „Judenschlacht" ein so jähes und erschütterndes Ende fand, ist keine Nachricht für unseren Gegenstand erhalten. Auch die Jahre der zweiten Ansiedelung, die zu neuer Blüte, aber auch zu neuen

---

[38]) Wiener, Regesten zur Geschichte der Juden in Deutschland während des Mittelalters, Hannover 1862. Nr. 668.

[39]) erschienen 1886 bei J. Kauffmann, Frankfurt a. M.

Leiden führte, schweigen für uns." Dieses eine Beispiel zeugt für alle weiteren. Endlich ist darauf hinzuweisen, dass im frühen Mittelalter die Medicin im heutigen Deutschland und Oesterreich überhaupt eine sehr vernachlässigte, wenig gepflegte und noch weniger geförderte Wissenschaft war. Erst, als die arabischen und griechischen Schriften in die lateinische Sprache übersetzt wurden (wir haben gesehen, welchen Anteil an dieser Arbeit jüdische Aerzte hatten, z. B. Ferragius, Jakob Montino u. a.), begann das Wiedererwachen der Wissenschaften und, man kann sagen, die Geburt der wissenschaftlichen Medicin auf deutschem Boden. Regelmässige anatomische Vorlesungen begannen z. B. erst 1433 in Wien und 1460 in Prag; im heutigen deutschen Reiche erhielt 1482 Tübingen wohl zuerst das Recht, Sektionen vorzunehmen. Weit länger dauerte es aber, bis die Chirurgie als „ehrlicher" Beruf galt. Noch die deutschen Aerzte des sechszehnten Jahrhunderts schämten sich chirurgischer Operationen und geburtshilflicher Eingriffe und hielten beides für unwürdig ihres Standes. Selbst als Karl V. 1548 die Chirurgie als „ehrliches Handwerk" erklärt hatte und Rudolf II. diese Erklärung im Jahre 1577 wiederholt hatte, machte sich keine tiefgreifende Aenderung in dieser Auffassung des ärztlichen Standes geltend; sondern erst das achtzehnte Jahrhundert hat die Scheidung zwischen Aerzten und Wundärzten in Deutschland aufgehoben.

Alle diese Umstände machen es leicht begreiflich, wenn der jüdische Leibarzt Karls des Kahlen, Zedekias, von dem wir bereits sprachen, lange Zeit eine vereinzelte Ausnahme blieb und nach ihm Jahrhunderte vergingen, ehe es gelingen will, die Spuren jüdischer Aerzte im deutschen Sprachgebiete zu entdecken. Die ältesten Spuren, die ich in dem ausserordentlich zerstreuten und teilweise schwer zu beschaffenden Material aufzufinden vermochte, führten mich auf das dreizehnte und vierzehnte Jahrhundert zurück. In Wien gab es nämlich etwa seit dem Jahre 1000 Juden; denn in einem Gutachten der Hofkammer zu Wien[40]) heisst es „ob nun die Juden in Oesterreich und zu Wien, nachdem Sie über Sibenhundert Jahr toleriert worden, u. s. w.", und dieses war vom Jahre 1672. Es ist wohl nicht zu bezweifeln, dass sich darunter auch Aerzte gefunden haben werden. Wahrscheinlich ist es aber, dass diese sogar zu

---

[40]) abgedruckt bei Wolf, Die Juden in der Leopoldstadt im 17. Jahrhundert in Wien, Wien 1864 pag. 97.

christlichen Kranken gerufen worden sind; denn historisches Faktum ist es. dass 1267 auf einem Konzil zu Wien den jüdischen Aerzten verboten wurde, ihre Kunst an Christen auszuüben. Es ist wohl erlaubt anzunehmen, dass die Ursache eines solchen Beschlusses sich nicht allzuweit vom Konzilorte befunden haben wird und, da in Wien selbst Juden damals „toleriert" wurden, werden wohl hier diese Aerzte, die bekämpft wurden, gewesen sein. Ferner müssen zur Pestzeit 1348 im Südwesten Deutschlands unter den Juden Aerzte gewesen sein; denn unter den unglücklichen Juden, welche damals in Mühlhausen, Worms, Ulm, Freiburg, Konstanz, Metz und anderen Orten unter der Anklage, durch Vergiftung der Brunnen die Pest wissentlich veranlasst zu haben. verhaftet, gefoltert und zum grausamsten Tode verurteilt wurden, befand sich, wie aus dem „Castellani Chillionis Antwortschreiben ahn die Statt Strassburg de anno 1348" [41]) hervorgeht, ein Wundarzt. „Erstlich Balavignus der Jud, Wundartzt, Inwohner zu Thonon" heisst es. und an einer späteren Stelle" dieser Balavigny sagt auch, weil er ein Wundartzt ist".

Abgesehen von diesen dürftigen Notizen, gelingt wohl einer der ersten positiven Nachweise jüdischer Aerzte im deutschen Sprachgebiete in Frankfurt a. M. Dort gab es schon am Ende des vierzehnten Jahrhunderts einen anerkannten „Judenarzt", Jakob von Strassburg; er wohnte 1373 in der Stadt ausserhalb der Judengasse und übte die Heilkunde bis 1396 aus. Um dieselbe Zeit practicierte in Speier Meister Lembelin als geschickter Arzt, und in Schweidnitz stand ein Augenarzt Abraham in hohem Ansehen. Ja, aus Regensburg wird berichtet, dass sich Leute schon damals beklagten, dass fast alle christliche Kranken von jüdischen Aerzten behandelt würden. Interessant ist es aber vor allem, dass in diesen frühesten Zeiten, bis zu welchen sich jüdische Aerzte in Deutschland und dem angrenzenden deutschen Sprachgebiete verfolgen lassen, einige bereits zu Ehrenämtern gelangten. Meister Simon stand im Dienste des Erzbischofs von Böhmen (1354) als Leibarzt. Pfalzgraf Ruprecht der Aeltere erklärte unter dem Datum des 27. April 1362 von Neumarkt in der Oberpfalz aus, den Juden Godliep wegen der Dienste, die derselbe seinem Hofgesinde geleistet hat und auch ferner leisten wird, in seinen Schirm und

---

[41]) abgedruckt in Hecker-Hirsch, Die grossen Volkskrankheiten des Mittelalters, Berlin 1865, pag. 97/98.

zum Arzte anzunehmen.[42]) Im Jahre 1376 liess ein adliger Herr (von Hammerstein) einen jüdischen Arzt an sein Krankenbett rufen, und in Basel war zu gleicher Zeit ein Jude, Meister Jossel, als Stadtarzt gegen einen Jahrgehalt von 25 Pfund fest angestellt; auch sein Nachfolger, Gutleben, der nur 18 Pfund empfing, war Jude. Eine ganze Reihe besoldeter jüdischer Stadtärzte hat sodann Frankfurt a. M. gehabt. 1388 soll schon ein Meister Isaak angestellt worden sein. Sicher wurde 1394 aus Regensburg Salomon Pletsch berufen, um das Amt .eines Stadtwundarztes in Frankfurt a. M. zu verwalten; er erhielt als Entgelt jährlich 36 Gulden und sechs Ellen Tuch von derselben Feinheit und Farbe, wie andere städtische „Diener" sie trugen. Dafür war er verpflichtet, die Mitglieder und alle Diener des Rats, ebenso alle „sieche Juden", soweit sie im Spital aufgenommen wurden, unentgeltlich zu behandeln und von den Bürgern nur mässigen und bescheidenen Lohn zu fordern.[43]) 1398 ward dann Meister Isaak Friedrich in den Dienst der Stadt genommen, erhielt aber nur 20 Gulden Jahresgehalt. Um dieselbe Zeit praktizierte in Frankfurts jüdischer Gemeinde der Arzt Baruch.

Im Jahre 1407 nahm der Bischof Johann I. von Würzburg den Juden Seligmann aus Mergentheim zu seinem Leibarzte und befreite ihn nebst seiner Frau, seinen Kindern und seinem Gesinde von jeder Abgabe[44]); wir werden sehen, dass hundert Jahre später unduldsamere Männer dieses schöne Bistum verwalteten. Schon zu seiner Zeit bewies ein Amtsgenosse, Bischof Georius, einen hohen Grad von Verachtung gegen die jüdischen Aerzte. Er bestimmte in löblicher Weise, dass nur geprüfte Aerzte in seinem Bistum practicieren dürften; aber die Ursache dieser weisen Massnahme war eine Beschwerde der Universität zu Wien „quomodo aliqui rudes et ydiote ymmo interdum mumulieres indoctae et quod despectabilius est, Judaei, qui nec morbos personarum nec causas eorundem sciunt cognoscere, se de medicinae practica praesumptis ausibus intromittunt."[45]) (datiert vom 5. Februar 1407 Wienne) — es stellte also dieser Kirchenfürst die jüdischen Aerzte noch hinter die Kräuterweiber! Um so interessanter ist es, von Johanns I. Nachfolger, dem

42) Wiener l. c. 238a pag. 213.
43) Horovitz. l. c. pag. 6.
44) Wiener, l. c. 424 pag 164.
45) Wiener. l. c. 423 pag. 164.

Bischof Johann II. von Würzburg, zu hören, dass er sogar einer jüdischen Frau erlaubte, in seinem Machtbereiche ärztliche Praxis auszuüben. Vom 2. Mai 1419 ist die Urkunde datiert, die der „Judenärztin Sarah" die Erlaubnis gab, ihre Kunst im Bistume Würzburg frei auszuüben gegen eine jährliche Steuer von zehn Gulden und eine Zahlung von zwei Gulden statt des goldenen Opferpfennigs[46]), und am 22. Mai desselben Jahres erklärte der Domherr zu Würzburg, Reinhart von Masspach, dass die genannte Judenärztin Sarah zu Würzburg in alle Güter Friedrichs von Riedern eingesetzt worden ist.[47]) Es ist diese weitgehende Duldsamkeit wohl daraus zu erklären, dass damals in Würzburg ein Mangel an Aerzten herrschte; denn an die 1402 gegründete Hochschule von Würzburg scheinen zwar Lehrer aller Fächer, nicht aber Lehrer der Arzneikunst gerufen worden zu sein, und als ihr Gründer, Bischof Johann I. gestorben war (1411), da hörte die Existenz dieser Hochschule überhaupt auf, und Lehrer und Schüler zogen gen Erfurt.[48]) In Hinblick auf die heute viel erörterte Frage, ob Frauen zum Studium der Heilkunde zuzulassen seien, ist zu erwähnen, dass damals diese Sarah nicht die einzige Judenärztin war, sondern zu Frankfurt am Main eine Jüdin Zerlin gleichfalls die ärztliche Praxis betrieb und besonders als Augenärztin grossen Ruf genoss. Dass diese Aerztinnen sich einer grossen Klientel und besonderer Wertschätzung erfreuten, beweist die Geschichte Sarahs und Zerlins. Denn Sarah konnte sich von ihrem erworbenen Vermögen ein Rittergut kaufen (d. s. wohl die Güter des Friedrich von Riedern), und vor Gericht vertrat ein Ritter von Wissentann ihre Sache. Zerlin aber hatte das Privileg, ausserhalb der Judengasse wohnen zu dürfen; die gewünschte Steuerfreiheit erhielt sie zwar nicht, doch wurde nach ihr einer Judenärztin, die von auswärts zugezogen war, im Jahre 1494 wenigstens eine Abgabe erlassen, das sogenannte Schlafgeld, welches fremde Juden für jeden Tag ihres Aufenthalts in Frankfurt dem Rate zu zahlen hatten, damit „sie hier bleibe". wie es heisst.[49]) Jüdische Aerztinnen werden übrigens in Frankfurt a. Main im ganzen

---

[46]) Der goldene Opferpfennig war eine besondere Abgabe der Juden in Deutschland, die zu Weihnachten alljährlich zu entrichten war.

[47]) Wiener, l. c. No. 517, 518, pag. 182.

[48]) vgl. J. B. Scharold, Geschichte des ges. Medicinalwesens im ehemaligen Fürstentum Würzburg, Würzburg 1824.

[49]) Horovitz, l. c. pag. 9.

fünfzehnten Jahrhunderte genannt (1393, 1408, 1431, 1433, 1435, 1436. 1439, 1446, 1492—99).

Gehen wir in chronologischer Folge weiter, so begegnen wir im Anfang des Jahres 1432 einer Urkunde, laut welcher Herzog Friedrich zu Tirol den Juden-Meister Rubein, genannt der Arzt, samt seinem Hausgesinde aufnimmt und bewilligt, dass er steuer- und zollfrei in Tirol sitzen soll, „wan Er sich seiner Arbait mit Arczney erneret und dhainen Gesuch nicht treibet.“[50] Herzog Friedrich der Jüngere aber hatte vielleicht selbst einen jüdischen Leibwundarzt: denn unter dem 29. Januar 1439 verkauft er seinem Wundarzt Niklas Unger ein Haus in der Judengasse zu Graz. König Ladislaus von Böhmen, der im übrigen sehr judenfeindlich gesinnt war und die Juden aus Olmütz, aus Brünn und aus Breslau vertrieb, hatte einem jüdischen Arzte einen Geleitsbrief ausgestellt. Er liess sich, mit diesem ausgerüstet, in Wien als praktischer Arzt nieder, und die medicinische Fakultät zu Wien erhob im Dezember 1454 aus diesem Grunde beim König Ladislaus Vorstellungen.[51]

Um dieselbe Zeit finden wir wieder im Bistume Würzburg einen jüdischen Arzt: im Mai 1456 nahm Bischof Johann III. den Judenarzt Heylmann in seinen Schutz, erlaubte ihm, innerhalb der Grenzen seines Hochstifts die freie Praxis und schärfte den Amtleuten ein, Beleidigungen und Angriffe auf seine Person streng zu bestrafen.[52] Diese letzte Bestimmung gestattet den Rückschluss, dass das Volk in Süddeutschland den Juden nichts weniger als günstig gesinnt war: Beweis dafür ist, dass kurz vor diesem Beschlusse die Juden aus Mainz und Speier verjagt worden waren, kurz nachher aus Bamberg vertrieben wurden.

Der humanste Herrscher aus dem Hause Habsburg in jener Zeit war entschieden Kaiser Friedrich III., der im Jahre 1440 Albrecht II. gefolgt war und länger, als fünfzig Jahre in Deutschland herrschte; wennschon er als Regent den Vorwurf der Kraftlosigkeit und Ohnmacht auf sich lud, so ist ihm doch als Menschenfreund die Nachwelt Dank schuldig. Kaiser Friedrich III. selbst hatte einen jüdischen Leibarzt, Jakob Loans, den er so hoch schätzen lernte, dass er ihn in den Ritterstand erhob. Dieser war persönlich bekannt und befreundet mit dem unsterblichen Reuchlin (seit 1492), der sich von ihm in der hebräischen

---

[50] Wiener, l. c. 185, pag. 242.
[51] Wiener, l. c. No. 226, pag. 248.
[52] Wiener, l. c.. Nr. 634, pag. 203.

Sprache, wie später von dem jüdischen Arzte Obadiah Sforno (vgl. Jüdische Aerzte in Italien), unterrichten liess. Reuchlin sprach noch in späteren Jahren voll Dankbarkeit von L o a n s und bekundete ihm selbst diese Gesinnung in einem hebräischen Briefe, den er nach Jahren an ihn richtete. Besonders gerühmt wird die Treue und Ausdauer, mit welcher dieser Arzt seinen kaiserlichen Herrn zu Linz im Jahre 1493 bis zur Sterbestunde pflegte. Der dankbare Kaiser Friedrich empfahl noch auf dem Sterbelager seinem Sohn und Nachfolger, dem ritterlichen Maximilian, die Juden seines Reiches mit Wohlwollen zu behandeln; der Sohn erfüllte dies Vermächtnis seines Vaters. Sein Leibarzt, P e t e r R i c i u s , war ein getaufter Jude, und sein gerechtes Benehmen in der Pfefferkornschen Sache haben wir bereits kennen gelernt, als wir von Bonet de Lates, dem Leibarzte des Papstes Leo X., sprachen (cfr. pag. 69). Kaiser Friedrich III. hatte auch einem jüdischen Wundarzte, namens M i c h e l, 1478 einen Gnadenbrief ausgestellt. In diesem heisst es: „Bekennen, daz wir angesehen haben den vleis, so Michel, Jude, Wundarczt, zu erledigung unsrer lanndlewt, so von den Turcken[53]) gefangen und gen Constantinopel gefurt worden sein, gehabt hat und haben im dadurch und von sundern Gnaden erlawbt und vergunt wissentlich mit dem brieff, daz er sich in unsern Landen Steir Kernden und Krain in unsrer Stet aine darin Juden wonhafft und gesessen sein wo ihm daz fueg setzen und darin wonen mag[54])". In Frankfurt am Main lebte zur Zeit Friedrichs III. S a l o m o n v o n Z y n o n g e und zur Zeit Maximilians J o s e f v o n Z y n o n g e. In den letzten Regierungsjahren Maximilians, also am Ausgange des Mittelalters, war der jüdische Arzt M o s e s v o n A s c h a f f e n - b u r g hochberühmt, so dass ihn die Gräfin Wehrdenberg an ihr Krankenbett rief und die Königsteiner ihn dem Frankfurter Rate empfahlen, wie die Medicinalakten der Stadt Frankfurt vom Jahre 1511 erzählen[55]).

Schon um diese Zeit regte sich im deutschen Reiche von neuem der Judenhass und warf seine Schatten auch auf die jüdischen Aerzte. Im Jahre 1505 erliess ein Nachfolger der edlen Johanns im Bistume Würzburg, Bischof Lorenz von Bibra eine Aerzte- und Apotheker-Verordnung, in der das Kurpfuscher-

---

[53]) Die Türken streiften von dem 1453 eroberten Constantinopel aus unter Kaiser Friedrichs Regierung bis nach Kärnthen hinein.

[54]) Wiener, l. c., Nr. 236, pag. 249.

[55]) Horovitz, l. c., Anmerkung 4, pag. 7.

tum verboten, den Aerzten aber anheimgestellt wird, einen Eidschwur auf treue Pflichterfüllung zu leisten, unter sich in Eintracht zu leben und nicht durch ihre Zwietracht Kranke dem Tode zu überliefern, ihre Patienten fleissig zu besuchen und von den Apothekern sich für die verordneten Arzneien keinen Gewinnanteil auszahlen zu lassen. Dieses weise Gesetz, das wir Aerzte von heute uns heiss zurücksehnen könnten, enthält aber auch eine Bestimmung folgenden Wortlauts: „Exquo non raro, imo quam frequenter ad infideles et präsertim nostris in regionibus ad spurcissimos religionis nostrae Christianae detrectatores Iudaeos ipsos, rustica fragilitas pro recipiendis medicinis confluere solet, quod sacrorum canonum constitutiones vetunt, nostroque pastorali officio incumbit, patrum sanctiones sanctorum manutenere, districtissime mandamus atque praecipimus, ne de caetero quisque ex nostris subditis a quoque infideli aut Judaeo aliquam recipiat medicinam."[56]) Diese Verordnung, deren Entwurf vom Arzte des Bischofs und des Domstifts, Burkard von Horneck, herrührt, sollte vierteljährlich von der Kanzel herab den Gläubigen in das Gedächtnis zurückgerufen werden, und im Jahre 1549 wurde sie vom Bischof Melchior von Zobel mit einigen Erweiterungen auf's neue erlassen und blieb wohl das ganze sechszehnte Jahrhundert bestehen. Ein zweiter Angriff auf die jüdischen Aerzte erfolgte von Köln aus, wo 1509 ein „Judenbüchlein" erschien, dessen dritter Abschnitt sich mit den jüdischen Aerzten beschäftigte. Der Verfasser war ein getaufter Jude, Victor von Carben; es ist ja eine traurige, historische Wahrheit, dass die Verleumder einer Confession oder einer Nation nicht gerade selten aus dem Schoosse derselben selbst hervorgegangen sind! Endlich ist hier ein Umstand zu erwähnen, der zwar schon im ganzen vierzehnten Jahrhunderte gültig war, aber bis in die Zeit, von der wir eben sprechen, noch gültig blieb, und der verhinderte, dass in Wien jüdische Aerzte prakticieren konnten. Dort musste nämlich jeder, der als Arzt sich niederzulassen gedachte, einen Eid „de immaculata conceptione" ablegen, und es ist verständlich, dass dieses Dogma ein jüdischer Arzt nur durch einen Meineid hätte bezeugen können. Erst Kaiser Maximilian hob im Herbste 1517 diese Vorschrift auf, und seitdem müssen in der That auch in Wien jüdische Aerzte prakticiert haben, weil in späteren Privilegien, die den Wiener

---

[56]) I. B. Scharold, l. c. Beilage IV.

Juden zugebilligt wurden, sich wiederholt der Passus vorfindet, den Juden sei gestattet, in der Hauptstadt zu wohnen „mit ihren Aerzten".

Die Wirkung der Bekämpfung der jüdischen Aerzte kann keine nachhaltige gewesen sein. Am wirksamsten blieb wohl die Würzburger Aerzteordnung. Als sich am 3. Juni 1561 der Meister Ephraim an den Fürstbischof Friedrich von Würzburg wandte, um die Erlaubnis zur Praxis zu erhalten, wurde er mit Hinweis auf jenes Gesetz abgewiesen. Ephraim war Arzt in Wertheim und schrieb „er sei auf ein gnädigstes Vorschreiben Seiner königl. Durchlaucht zu Böhmen von dem Grafen Ludwig von Königstein berufen worden, um sich als Arzt in Wertheim niederzulassen. In dieser Stadt habe er wirklich schon sein häusliches Anwesen genommen und werde nicht allein von des besagten Grafen Unterthanen, sondern auch von der rings umher liegenden Nachbarschaft um ärztlichen Rat und Beistand häufig angesprochen. Er könne seinen Dienst den Nachbarn nicht versagen, sondern leiste gern, was er mit Gottes Hilfe und mittels seiner Arzneikunst zu leisten im stande sei. Da nun in Wertheims Nähe zum Einkauf seiner Species und anderer Arzneistücke eine wohlgelegene Apotheke nicht bestehe, ausgenommen in Würzburg, so bitte er, es möchte ihm Seiner Kaiserlichen Majestät zu Ehren, der seinem Schwiegervater, dem Arzte Lazarus Sündt zu Günzburg, die Freiheit für sich, seine Angehörigen und sein Gesinde erteilt hätte, im heiligen römischen Reiche ungehindert ihren Geschäften nachzugehen, nicht minder dem Grafen von Königstein zu Gefallen eine ähnliche Freiheit gewährt werden." Wie gesagt, sein Gesuch wurde abgelehnt. Allein in der Folge machte sich ein Mangel an Aerzten in Würzburg fühlbar, und da dürfte doch wohl „der Not gehorchend, nicht dem eignen Triebe" der eine oder andere jüdische Arzt zugelassen worden sein; freilich wirft auf ihre Stellung folgender Vorfall ein kennzeichnendes Licht. Anfang Oktober 1564 starben am fürstbischöflichen Hofe zwei Personen plötzlich und unter auffälligen Symptomen, und andere waren ähnlich erkrankt. Die Aerzte des Bischofs und der Stadt wurden beauftragt, durch die Sektion die Todesursache festzustellen: sie kamen aber zu keinem Resultat, sondern fanden nur eine „Corrosion und acris materia" (!), sprachen von der „Constitutio aëris" und anderen gelehrten Dingen, die einen Einblick in die damalige Medicin gewähren. Endlich am 2. Dezember, also nach zwei Monaten, hatten sie es herausgebracht, dass weder Küche noch Keller, noch Mühle, auch nicht die Constitutio aëris Schuld an dieser „neuen Krankheit des Grimmens, des Freischlags und der Lähmung" sei, sondern einzig und allein die Arznei, welche die Erkrankten und die Gestorbenen von einem zu Würzburg wohnenden israëlitischen Arzte empfangen und gebraucht hatten! Folglich befahl der Regent Würzburgs, „weil dieser Jude nicht qualificiert sei, sollte ihm das Handwerk niedergelegt und verboten sein, Niemanden Anderen zu arzneien, als diejenigen Herren vom Adel, die ihn nach Würzburg gebracht hätten."[57]) Da also die Juden nach wie vor im Bistume Würzburg Schwierigkeiten bei Ausübung der ärztlichen Praxis fanden, scheinen sich einige im Verborgenen als Kurpfuscher hier aufgehalten zu haben: wenigstens beschweren sich die vier Apotheker Würzburgs im Jahre 1573 über die jüdischen Kurpfuscher, und auch im Jahre 1580 berichtete eine vom Bischof Julius, dem berühmten Gründer des Juliusspitals und der Universität Würzburg, niedergesetzte Aerztekommission unter No. 4: „Zum Vierten scheuen sich die unverschämten idiotischen Juden gleichfalls nicht, obwohl aus dem Lande verwiesen, dennoch in Würzburg und den umliegenden Flecken noch herum zu gehen und zu reiten, ihre Urinalia zu tragen oder am Sattelbogen zu führen, des Ausgebens und Rühmens, wo jemand krank sei, dem wollten sie aus blosser Besichtigung des Wassers die Krankheit und ihre Ursachen erkennen und angeben. Sie betrügen damit das gemeine arme Völklein, ja auch bisweilen die vom Adel und grosse Herren, dass sie ihnen nicht allein Glauben schenken, sondern auch um grosses Geld Arzneien von ihnen nehmen, die man um gar Geringes in den Apotheken haben kann, oder die dermassen unsauber in ihren Winkeln zugerichtet werden, dass sie keiner dem Vieh, geschweige den Menschen und Christen, zumuten und geben sollte. Welches dann ein Jammer und Schand ist, von dergleichen Christenfeinden überführt (betrogen) und geäfft zu werden."[58])

Frankfurt am Main war auch in dieser Zeit meistens duldsam gegen die jüdischen Aerzte. Felix Plater, Professor zu Basel, einer der ersten, der den Wert Vesals anerkannte, und einer der besten Praktiker seiner Zeit (1536—1614), sagt in

[57]) Vgl. J. B. Scharold, l. c. pag. 82—84.
[58]) Scharold, l. c. pag. 95.

seiner Autobiographie, die einen interessanten Einblick in die Verhältnisse des sechszehnten Jahrhunderts gestattet[59]), dass zu seiner Zeit in Frankfurt am Main nur ein christlicher Arzt lebte, während alle anderen Juden waren; deren Ruf war so gross, dass sich ihre Praxis weit ausdehnte, z. B. bis nach Giessen, das selbst damals gar keine höher gebildete Aerzte besass.[60]) Namentlich bekannt ist uns Josef ben Ephraim Levi, der 1532 starb; sein Grabstein verkündet, dass dieser Hügel einen Charakter berge, der „reiner als Silber" gewesen sei. Ein anderer Grabstein nennt den 1581 verstorbenen Abraham ben Josef Levi, vielleicht Sohn des vorigen, und sagt, „Es haben gesiegt die Engel und Platz eingeräumt dem Reinen und Lautern, der hier unten ruht; er war ein Arzt für Körper und Gemüt, seiner Kunst stand die Lehre Gottes zur Seite."[61]) Im Jahre 1574 bewarben sich Jakob ben Samuel, der „Jud zum Lamb", und Aron, „Jud zur gelben Rose", gleichzeitig beim Frankfuter Rate um die Erlaubnis zur freien Ausübung der ärztlichen Praxis. Weil damals gerade die Stelle eines Stadtarztes unbesetzt, der Gesundheitszustand in der Stadt aber ungünstig war, wurden beide angenommen — doch unter der Bedingung, dass sie sich, sobald ein Stadtarzt wieder angestellt sei, einer Prüfung in ihrer Kunst unterwürfen, und dass vom Ausfall derselben ihr ferneres Verbleiben abhinge. Jakob starb in jungen Jahren schon 1585, und da erst später ein Stadtarzt angestellt ward, hatte sich nur Aron dieser Prüfung zu unterwerfen; er bestand sie, und noch als altem Arzte wurde ihm die Genugthuung, einen sicheren Wohnsitz zu haben (1602). Mit ihm empfing Samuel, „zum weissen Lamm", wahrscheinlich Jakobs herangewachsener Sohn, die Approbation des Frankfurter Rats. Beiden war die Bedingung gestellt, keine Heilmittel selbst zu bereiten, sondern alles aus der Apotheke zu beziehen. Als Aron 1608 starb, bewarb sich sein Assistent Schlomo „zum Tannenbaum" unter dem Hinweis darauf, dass „jederzeit zwei in der Judengasse gswesen sind," um die Zulassung als Arzt, und die Erlaubnis ward auch ihm erteilt. Seit 1579 mussten alle jüdischen Aerzte, ehe sie in Frankfurt practicieren durften, auch, wenn sie Universitätsdiplome besassen, vor einer Kommission, der drei Ratsherren und zwei Physici an-

---

[59]) Von D. A. Fechter zu Basel 1840 herausgegeben; Platers Tagebücher benutzte Gustav Freytag in seinen „Bilder aus deutscher Vergangenheit."
[60]) Citiert von H. Baas.
[61]) Horovitz, l. c. pag. 7.

gehörten, eine Prüfung ablegen; das war die Folge von Anschuldigungen und Anklagen gegen die jüdischen Aerzte, die namentlich 1574 ein Physikus der Stadt erhoben hatte. Schon vorher hatte sich eine feindselige Stimmung gegen die Judenärzte geltend gemacht, als Doktor Lazarus 1563 um die Erlaubnis bat, sich in Frankfurt niederzulassen und ein Haus zu bauen; obgleich er einen Empfehlungsbrief Kaiser Ferdinands I. vorweisen konnte, verweigerte der Rat der freien Reichsstadt beides unter dem Vorwand, Lazarus sei kein Arzt, sondern ein Zauberer!

Kaiser Ferdinand, der seinem Bruder Karl V. 1555 gefolgt und als Kaiser 1558 gekrönt worden war, war zwar ein eifriger Sohn der katholischen Kirche, aber doch ein gemässigter und gegen die Juden duldsamer Fürst. Er war jenem Doktor Lazarus nicht nur günstig, sondern hatte ihn sogar seinen Töchtern zu Innsbruck als Leibarzt bestellt, und Lazarus wusste sich die Gunst der hohen Frauen im höchsten Maasse zu erwerben und zu erhalten. Er soll auch von anderen Fürsten, als von seinem kaiserlichen Herrn, Freibriefe besessen haben, dass er, wo es ihm im deutschen Reich beliebe, die ärztliche Praxis betreiben dürfe.

Eines sehr grossen Rufes erfreute sich gegen die Mitte des sechszehnten Jahrhunderts ein jüdischer Arzt in der deutschen Schweiz, namens David. Er besass von neun Kantonen einen Schutzbrief, dass er im ganzen Lande als Arzt thätig sein dürfe. Wir wissen, dass er sich 1535 in Schaffhausen niederliess. Dann aber berief ihn der Bürgermeister von Ulm zu sich als Leibarzt, und nach Ablauf dieses Verhältnisses erhielt er vom Markgrafen von Brandenburg die Erlaubnis, in seinem Lande Praxis auszuüben. Später aber muss er sich doch wieder nach der Schweiz zurückbegeben haben, um hier von neuem eine umfangreiche Thätigkeit zu entwickeln und hohes Ansehen bei der Bevölkerung zu gewinnen.[62]

Von Städten der heutigen Rheinprovinz weist Mühlheim in Kölns Nähe einen jüdischen Arzt auf, Schalom ben Joaz; wir wissen, dass 1583 sein Schwiegersohn ihm eine deutsche Abschrift des Buches „Spiegel der Arzeney" fertigte[63] — wohl des Buches von Laurentius Phryesen, das 1518, 1529 und 1532 in Strassburg gedruckt worden war und sich grosser Beliebtheit erfreute.

---

[62] Löwenstein, Geschichte der Juden am Bodensee und Umgebung, citiert von Münz.

[63] Carmoly, l. c. pag. 155.

Auch im Osten des deutschen Sprachgebiets machen sich im sechszehnten Jahrhunderte zuerst jüdische Aerzte bemerkbar. Herzog Albrecht von Preussen erteilte 1538 zum ersten Male einem solchen die Genehmigung, sich in Königsberg anzusiedeln, obschon in dieser Stadt den Juden das Wohnen bisher untersagt war. Isaak May hatte einen Diener des Herzogs, der von einer gefährlichen Gesichtskrankheit befallen war, glücklich geheilt, und der Herzog hatte seitdem seine Gunst dem jüdischen Arzte zugewendet. Später gestattete er auch dem Arzte Michel Abraham die ärztliche Praxis in Königsberg und wies sogar den Rat der Stadt an, denselben als Bürger aufzunehmen, falls er sich in seinem Berufe ehrlich und redlich erweisen werde.[64]

In Thorn wählte der Rat trotz des heftigsten Widerspruchs des entsetzten Klerus im Jahre 1567 den Juden Morgenstern zum besoldeten Stadtarzt.

Endlich ist hier zum ersten Male Berlin zu nennen. Kurfürst Joachim II. Hector hatte in seiner Umgebung einen jüdischen Leibarzt Lippold. Juden gab es in Berlin nämlich seit langer Zeit: die ältesten Nachrichten reichen bis in das vierzehnte Jahrhundert zurück. In den Pestjahren 1348/50 wurden die Juden auch aus Berlin verjagt, aber bereits 1354 wieder aufgenommen: doch scheint ihre Anzahl klein gewesen zu sein, und von Aerzten unter ihnen wissen wir nichts bis zur Zeit Joachims, der 1535 zur Regierung kam. Lippold stand bei ihm in höchster Gunst und wurde sogar zum Finanzminister ernannt, als welcher er sich grosse Verdienste erwarb. Wie immer die Bevorzugung eines Juden in jenen Zeiten, so erregte auch diese Neid, und, als der Kurfürst im Jahre 1571 plötzlich verstarb, raunten sich die Neider alsbald zu, Lippold habe seinen Herrn vergiftet. Kurfürst Johann Georg, Joachims Nachfolger, liess ihn verhaften; doch sollte er mangels Beweis schon entlassen werden, als in einem Zornausbruche Lippolds Frau den Gatten des Mords beschuldigte. Diese unüberlegte Aeusserung einer bis zum Unverstand erregten Frau, aufgefundene Bücher, die Zauberbücher sein sollten, durch die unmenschlichsten Folterqualen erpresste Geständnisse — das waren der damaligen Justiz genügend Beweisstücke, um den gestürzten, unglücklichen Günstling Joachims des Mordes schuldig zu finden. Er wurde 1573 geviertteilt; seine Familie und seine Glaubensgenossen wurden auf „ewige" Zeiten

---

[64] Jolowicz, Geschichte der Juden in Königsberg, citiert von Münz.

des Landes verjagt[65]). Heute steht fest, dass Joachim II. eines natürlichen Todes starb.

Die Wende des sechszehnten Jahrhunderts und des siebenzehnten führt uns nach Hamburg, wo sich portugiesische Juden niedergelassen hatten, darunter namhafte Aerzte. Am berühmtesten ist die Familie de Castro. Noch in Lissabon als Sohn von Scheinchristen war Rodriguez (Roderich) de Castro 1546 geboren; er hatte in Salamanka studiert und sich sowohl von der medicinischen als von der philosophischen Fakultät den Doktortitel erworben. Er begab sich dann über Holland, wo er einige Jahre als praktischer Arzt lebte, im Jahre 1598 nach Hamburg und übte hier die ärztliche Praxis bis zu seinem Tode im Jahre 1627 aus. Er war ein vorzüglicher Frauenarzt, und sein Werk De universa mulierum medicina, das 1603 zuerst in Hamburg erschien und ebendort 1617, 1628 und 1662, ausserdem 1668 in Frankfurt neu aufgelegt wurde, ist das umfangreichste gynäkologische Werk jener Zeit.[66]) Neben dem Franzosen François Rousset und dem Niederländer Boudewijn Rons war Roderich von Castro einer der ersten Geburtshelfer, die sich zu Gunsten des Kaiserschnitts ausgesprochen haben. Ausser diesem Buche verfasste er eine Beschreibung der Pest in Hamburg im Jahre 1596, betitelt „De natura et causis pestis quae anno 1596 Hamburgensem Civitatem affixit, Hamburg 1596", und ein mehrmals aufgelegtes, zuerst 1614 in Hamburg und Köln gedrucktes Buch de officiis medicopoliticis, in welchem der Autor ein Bild des denkenden Arzts gegenüber dem Bilde des Charlatans zeichnet. Dass dieser gelehrte Mann auch ein tüchtiger Practikus war, erhellt aus den Lobgedichten, die ihm gewidmet worden sind. Elias Putsch z. B. schrieb:

> Femina divorumque hominumque äterna voluptas.
> Quae terras partu sustinet alma suo.
> Et facit ut laeti veniant ad aratra coloni.
> Prodigaque omnigenas terra ministret opes,
> Morborum variis assultibus ägra jacebat.
> Pallida anhelantem jam vomitura animam,
> Nemo salutiferas morienti tradidit herbas,
> Quique malum posset pellere, nullus erat.
> Tu tamen occurris, Roderice, fovesque jacentem,
> Propinasque aegrae, quod medicamen habes,
> Macte, Machaonia doctor clarissime, laude
> Grande quidem pretium posteritatis erit
> Hoc quoque sed majus quod cui vitam prius ipse
> Debueras, vitam debeat illa tibi.

---

[65]) Ludwig Geiger, Gesch. der Juden in Berlin, 1871 Berlin; Einleitung.
66) Häser, Geschichte der Medicin. II. Band. pag 208.

In deutscher Übertragung: Krank lag das Weib, die Mutter des Vergnügens,
Der diese Erde ihr Besteh'n verdankt,
Von der der Bauer nimmt die Kraft des Pflügens,
Von der die Frucht sich auf zum Lichte rankt;
Ein Heer von Leiden peinigte die Arme,
Viel fehlte nicht, so gab den Geist sie auf.
Es gab kein Kraut zur Lindrung ihrem Harme,
Es hemmt kein Arzt der Krankheit raschen Lauf;
Doch Du kamst, Roderich! Du sahst sie liegen
Und standest ihr in ihrem Schmerze bei;
Heil Dir, Dein Ruhm ist hochgestiegen,
Denn Hilfe brachte Deine Arzenei!
Und sie, die Dir das Leben einst gegeben,
Das Weib, verdanket Dir, nur Dir ihr Leben![67]

Ein anderes Lobgedicht auf Roderich von Castro dichtete ein Arzt Nonnius aus Antwerpen; es ist fast noch lobender, als das mitgeteilte[68]). Roderichs Sohn, Benedikt (Baruch), in Hamburg 1597 geboren, übernahm die ausgedehnte Praxis seines Vaters und wurde Leibarzt der Königin Christine von Dänemark; er starb hochbetagt im Januar 1684 und hinterliess ein 1647 in Hamburg gedrucktes Werk, benannt Certamen medicanum de venaesectione in febri putrida et inflammatoria. Auch Baruchs jüngerer Bruder Daniel de Castro, 1599 in Hamburg geboren, wurde Arzt am dänischen Königshofe bei Friedrich III. Neben den Castros zeichnete sich Jacques Rosales, ebenfalls Portugiese und ebenfalls über Holland nach Hamburg gekommen, als Arzt aus; er war 1593 geboren und prakticierte in der deutschen Hansastadt von 1637—1645, um dann nach Amsterdam zurückzukehren. 1668 starb er in Livorno. Er gewann in Hamburg so grosses Ansehen, dass er den Titel eines Comes palatinus, also eines deutschen Reichsgrafen, trotz seines jüdischen Glaubens empfing; damit hatte er die Berechtigung, akademische Würden zu verteilen. Rosales war nicht nur Arzt, sondern auch ein eifriger Astronom und verstand, in lateinischen Hexametern zu dichten; so schrieb er ein poculum poëticum an Zakutus Lusitanus[69]), ein carmen intellectuale de vitae termino, ferner status astrologus sive anacephalaeosis monarchiae Lusitanicae und foetus astrologici ad heroem et virum admirantem. Der status astrologicus enthält neben den lateinischen Versen den Text in portugiesischer Sprache. Sein Hauptwerk ist das astronomische, betitelt Regnum

[67]) R. Finkenstein, Dichter und Aerzte, Breslau 1864, pag. 103; übersetzt von Finkenstein.
[68]) R. Finkenstein, l. c. pag. 102.
[69]) R. Finkenstein, mit Uebersetzung abgedruckt l. c. pag. 88 91.

astrorum reformatum, zu Hamburg 1644 erschienen. Aus Spanien war nach Hamburg Benjamin Musaphia, etwa 1606 geboren, gekommen und lebte dort mehrere Jahre als Arzt. 1640 verzog er nach Glückstadt in Holstein, und die letzten Lebensjahre bis 1675 verbrachte er in Amsterdam. Auch Musaphia war vielseitig gebildet — Arzt, Sprachkenner, Talmudist, Dichter. Von naturwissenschaftlichen Schriften hinterliess er eine Epistola de maris recipocatisne, in der eine Theorie über Ebbe und Flut entwickelt ist, dem König von Dänemark gewidmet, erschienen 1642 in Amsterdam; ferner Sententiae sacromedicae, d. s. Aphorismen aus der Heiligen Schrift, Hamburg 1640. Seine Dichtung, in der er in sechs Gesängen die sechs Schöpfungstage besingt, (Sekher Rab, Amsterdam 1638) wurde noch in demselben Jahre in lateinischer Uebersetzung in Hamburg gedruckt; 1677 erschien es in Berlin, 1804 in Selkow in deutscher Uebersetzung, und noch Delitsch hat Musaphias Dichtung in das Deutsche übertragen.

Wissenschaftlich unbedeutender, als diese Hamburger Aerzte, sind andere jüdische Aerzte im deutschen Sprachgebiete während des siebenzehnten Jahrhunderts. Als glücklicher Praktiker ist Naphtali ben Josef Levi zu nennen, der die Würde eines Leibarztes beim Kurfürsten Erzbischof Ferdinand von Köln bekleidete. Er besass grossen Einfluss bei seinem Herrn und verwandte ihn zu Gunsten seiner Glaubensgenossen. Im Februar 1644 starb er in Deutz, wo Kurfürst Ferdinand residierte, und wurde in Mainz beerdigt.

Um im Westen Deutschlands zu bleiben, ist zu bemerken, dass es damals jüdische Aerzte namentlich auch in dem Gebiete gab, das heute das Reichsland Elsass-Lothringen geworden ist. Einen aus Metz gebürtigen Arzt — Tobias Cohen — haben wir bereits in der Türkei kennen gelernt; wir wissen auch schon dass er der erste jüdische Student der medicinischen Fakultät von Frankfurt a. d. Oder gewesen ist. Arzt in Metz war bereits vorher Isaak, als Judendoktor allbekannt; ein Sohn von ihm, gleichfalls Arzt, war Christ geworden und bewährte sich als eben so charakterloser Mensch, wie fast alle Convertiten. Dann war als jüdischer Gemeindearzt nach Metz aus Lippes damaliger Hauptstadt Lippstadt Doktor Salomon ben Baruch berufen worden; da er nicht zum festgesetzten Termin eintraf, nahm Naphtali Herz aus Frankfurt a. M. seine Stellung ein. Doktor Salomon kam aber doch noch nach Metz, und es entstand zwischen den beiden Nebenbuhlern, von denen jeder auf seine Berufung pochte und keiner weichen mochte eine hässliche Spannung, die sich erst nach Jahren, 1695, durch Vermittlung des Rabbi Gabriel ausglich. In das Elsass kamen Juden wesentlich erst, nachdem dies Land im Vertrag von Münster 1648 Frankreich zugesprochen war; wir werden also jüdischen Aerzten erst im achtzehnten Jahrhunderte dort begegnen. Dagegen finden wir jetzt schon in Mainz einen jüdischen Gemeindearzt, S e l k e l e s G r o t w a h l, der bis zu seinem Tode 1704 segensreich als Arzt dort wirkte.

Aus Frankfurt am Main waren am 23. August 1614 mit den Juden die jüdischen Aerzte vertrieben worden, nachdem schon zwei Jahre vorher die Bürger der Stadt Klage gegen die Juden beim Kaiser Matthias erhoben hatten; der Rat stand damals unter den rohen Fäusten des Lebküchlers Vincenz Fettmilch und anderer katilinarischer Existenzen. Als Fettmilch, als Aufrührer vom Kaiser geächtet, gefangen und zum Tode verurteilt war, — am selben Tage, da auf dem Rossmarkte zu Frankfurt des Verurteilten Haupt vom Henkerbeile fiel, durften die Juden nach Frankfurt zurückkehren (28. Februar 1616) und hielten auf Grund eines kaiserlichen Mandats feierlichen Einzug in die liebgewordene Heimat. Unter den Heimkehrenden befand sich der Arzt J u d l i n, Sohn des genannten Israël Jakob, und der alte Doktor S c h l o m o „zum Tannenbaum". Der letztere gewann selbst in christlichen Kreisen so hohes Ansehen, dass, als später einmal (1630?) beim Rate eine Klage gegen einen jüdischen Arzt einlief, die begutachtenden Pastoren auf den angesehenen, alten Doktor S c h l o m o hinwiesen[70]. S c h l o m o s Todesjahr scheint 1631 zu sein. Seit 1623 praktizierte in Frankfurt Doktor I s a a k (b e n A b r a h a m) H e l n, der 1654 starb; ihm war aufgegeben, innerhalb der Judengasse zu wohnen. Mit ihm praktizierte gleichzeitig ein Verwandter, Doktor A b r a h a m H e l n. Im Jahre 1631 beschloss die jüdische Gemeinde zu Frankfurt, einen besoldeten Gemeindearzt anzustellen, der die Armen unentgeltlich zu behandeln hätte. Die Wahl fiel auf den berühmtesten jüdischen Arzt jener Zeit, den uns bereits bekannten J o s e f d e l M e d i g o von Candia, der damals im vierzigsten Lebensjahre stand und seit 1627, wie ebenfalls erwähnt, in Amsterdam sich aufhielt. Bezeichnend für die damalige Stellung der jüdischen

---

[70] Horovitz l. c. Anmerkung pag. 12, nach den Frankfurter Medicinalakten.

Aerzte ist der erste Punkt der Vorschriften für diesen Gemeindearzt, der ihm verbot, ohne Einwilligung des Gemeindevorstandes
die Stadt zu verlassen, selbst wenn ein „Edler oder Fürst" ihn
riefe; denn in der That geschah es damals nicht selten, dass
jüdische Aerzte weit über Land zu hohen und höchsten Patienten
gefordert wurden. Josef von Candia, der wanderlustige Forscher, hielt mehr als zehn Jahre in der Mainstadt aus, obwohl
auch er, der hochgebildete, vielgeehrte Mann, hier den gelben
Ring tragen musste, der ihn erinnern und den Christen vor
Augen halten sollte, dass er nur ein Jude sei. Erst gegen 1645
zog er weiter gen Prag, wo er, wie bereits gesagt, zehn Jahre
später dorthin ging, wo kein Unterschied mehr waltet zwischen
Juden und Christen. Es ist klar, dass der Aufenthalt dieses
Arztes auf den Geist der jungen Israëliten befruchtend wirkte;
in seinem Geiste wirkte als Arzt vor allem sein Eidam, Doktor
Salomon Bing, Sohn des damals in Bingen praecizierenden
Doktor Abraham. Salomon Bing hatte, wie er selbst erzählt,,
in Mainz und Prag die „Kollegien der Jesuiten" besucht, um
die lateinische und andere Sprachen zu erlernen, dürfte also
einer der ersten jüdischen Gymnasiasten Deutschlands, um ein
modernes Wort zu gebrauchen, gewesen sein. In Padua hatte er
die Doktorwürde erworben, und 1645 verlangte er vom Rate zu
Frankfurt die Erlaubnis, daselbst zu praecizieren; nach langen
Verhandlungen (er weigerte sich als von der Fakultät zu Padua
graduierter Doktor ein neues Examen abzulegen) ward sie ihm
gewährt, und Salomon Bing behandelte christliche und jüdische
Kranke. Gerade die hervorragenden Aerzte, welche damals die
Frankfurter Gemeinde die ihrigen nannte, erregten aber wiederum
Neid und Missgunst; so wurde von 1650 an dem Doktor Isaak
Heln die Praxis auf die Judengasse beschränkt, und dem Doktor
Bing wurde 1653 vorgeworfen, schädliche Arzneien verabreicht
zu haben, bis schliesslich 1657 das lutherische Ministerium der
christlichen Bevölkerung einschärfte, sich von keinem jüdischen
Arzt behandeln zu lassen, da sie sich ja doch „nur natürlicher
Mittel" bedienten![71]) Um diese kritische Zeit lebten noch zwei
Aerzte in der jüdischen Gemeinde zu Frankfurt, Jona ben Moses
Bonn und vor allen Abraham ben Isaak Wallich, der, einer
Metzer Aerztefamilie entsprossen, in Padua studiert und, wie
die bei den Medicinalakten Frankfurts noch vorhandene Abschrift

---

[71]) Horovitz, l. c., nach den Medicinalakten des städtischen Archivs
XXIII. Folio 36—51 und 63.

seines Diploms mitteilt, dort maxima cum laude promoviert hatte (1650). Wallich trat für Abraham Heln 1657 in Frankfurt die Praxis an; er ist Verfasser einer volkstümlichen hebräischen Schrift über Medicin für seine Gemeindemitglieder, „Harmonia Wallichia medica", Frankfurt 1700, in welcher er auf den engen Zusammenhang von Leib und Seele hinweist, wie jener nur gesund sein und werden könne bei gesunder Seele. Herausgegeben wurde sie von Abrahams Sohn, dem Doktor Löb Wallich, der den Wirkungskreis des Vaters übernahm, während ein anderer Sohn Abrahams der eben in Metz genannte Naphtali Herz ist. Am Ende des siebenzehnten Jahrhunderts waren noch andere jüdische Aerzte in Frankfurt thätig, z. B. seit 1669 Doktor Benjamin Wolf „zum Buchsbaum." Als Professor David Clodius in Giessen eine hebräische Bibel mit lateinischen Anmerkungen herausgeben und in Frankfurt drucken lassen wollte, unterstützte ihn ein anderer gelehrter jüdischer Arzt daselbst, Doktor Leo Simon; denn in der Vorrede dieser 1677 erschienenen Bibelausgabe heisst es: „missum est viro clarissimo atque experientissimo Leoni Hebraeo Medicinae doctori et linguarum variarum callentissimo, utique nomine supra gentis morem humano et docto[72]."

Dass in Bingen im siebenzehnten Jahrhunderte Abraham Bing als Arzt lebte, hörten wir soeben; ausser ihm ist ein zweiter jüdischer Arzt zu nennen, ein Sohn des Frankfurter Arztes Schlomo, namens Moses Schlomo. Wie Abrahams Sohn, prakticierte auch dessen Sohn, Doktor Löw Leo Schlomo, in Frankfurt a. Main.

Auch in Württemberg finden sich jetzt die ersten Spuren jüdischer Aerzte. 1657 wurde nämlich einem „Herrn Hirsch Judaeus promotus medicinae doctor wegen seiner fürtrefflichen Experienz und Kunst" gestattet, im ganzen Lande Württemberg zollfrei zu passieren. Wider dieses Privilegium lehnte sich vergebens die Geistlichkeit auf, welche erklärte, es wäre besser in Christo zu sterben, als mit Hilfe eines Judenarztes dem Teufel zu verfallen.

Jetzt müssen wir im Geiste Süddeutschland durcheilen, um einen Blick auf Wien zu werfen. In Oesterreich hatten noch 1604 partielle Judenverfolgungen stattgefunden, in Wien selbst noch 1600, so dass damals nur noch 71 jüdische Personen in der

---

[72]) citiert von Horovitz, l. c. pag. 33, Anmerkung.

Hauptstadt, 1619 aber, also unmittelbar nach dem Ausbruch des furchtbarsten Krieges der Weltgeschichte, 42 jüdische Familien daselbst gezählt wurden[73]). Diese kleine Gemeinde scheint rasch einen Aufschwung genommen zu haben, und schon Ende des Jahres 1614 findet sich auf einem noch erhaltenen „Verzeichnis der Besteuerten" ein Arzt, „Aron Doktor, Veit Munkhens Aidten;" freilich scheint sein Einkommen kein hohes gewesen zu sein — denn, während andere 20, 24, 30, ja sogar 42 Reichsthaler beizusteuern hatten, betrug die Steuer des Arztes nur 1 Thaler[74])! Dann wissen wir, dass 1629 unter Ferdinand II. neben dem jüdischen Friedhofe in der Leopoldstadt zu Wien (damals unterer Werd geheissen) ein Spital errichtet war, d. h. nämlich ein Häuschen, in dem hin und wieder ein Kranker gepflegt wurde[75]). Also nehme ich an, dass auch damals ein Arzt zur Gemeinde gehörte. Am bekanntesten ist aus jener Zeit Herz Günzburg, dessen Vater aus Oettingen nach Wien gekommen war und dort Hofjude wurde. Durch seinen bedeutenden Einfluss fand sein Sohn nach vollendetem Studium eine ausgedehnte ärztliche Praxis; in vorgerücktem Alter zog er sich nach Premislas zurück und starb dort. Seine drei Söhne waren sämtlich Aerzte, wie wir nun so oft diese Vererbung der Liebe zur Heilkunde von Vater auf Sohn erlebt haben. Der älteste wurde Gemeindearzt in Pinschow; der zweite, Selig Günzburg, wandte sich nach Litthauen und errang zu Sluczk grossen Ruf als tüchtiger Praktiker. Der dritte endlich, Löb Günzburg, übernahm die Praxis seines Vaters in Wien und machte sich einen seines Vaters würdigen Namen; besonders sein Wohlthätigkeitssinn wurde hoch gepriesen. Das verhinderte aber nicht, dass auch er 1670 ein Opfer des Verbannungsdekrets wurde, durch welches Kaiser Leopold I. auf Drängen der Wiener Bürgerschaft, welche sich beklagte, dass die gottlosen Juden auf 3000 angewachsen, sie aber von 5—6000 auf 2000 geschmolzen seien, sämtliche Juden der Stadt verwies, an Stelle ihrer Synagoge eine Kirche bauen liess und die Namensänderung des bisherigen Judenviertels in Leopoldstadt genehmigte[76]). Doktor Löb Günzburg ging nach Premislas, dem Asyl seines Vaters, und setzte dort seine ärztliche

---

[73]) G. Wolf, die Juden in der Leopoldstadt im siebenzehnten Jahrhundert in Wien, Wien 1864 pag. 3.
[74]) G. Wolf, l. c. Beilage I, pag. 69.
[75]) G. Wolf, l. c. pag. 17.
[76]) G. Wolf, l. c. pag. 50 u. folg.

Praxis mit Erfolg fort. Seine Klientel übernahm nach seinem Tode sein Sohn Itzig Günzburg, während sein zweiter Sohn, Meier Günzburg, nach Lublin als Gemeindearzt zog.

Diese Judenvertreibung aus Wien vom Jahre 1670 führt uns unmittelbar nach Berlin; denn der Ursprung der heutigen israëlitischen Gemeinde der deutschen Reichshauptstadt liegt im Einzuge von Wiener Emigranten. Der grosse Kurfürst, dieser weitblickende, eben so deutsche, als menschenfreundliche Herrscher, gestattete den Juden, die, wie wir erfuhren, Kurfürst Johann Georg 1573 auf „ewige Zeiten" aus seinem Lande gejagt hatte, die Niederlassung in Brandenburg; drei von den aus Wien vertriebenen jüdischen Familien wurde Berlin selbst als Wohnort erlaubt.[77]) Schon 1693 gab es in Berlin wieder einen jüdischen Arzt, namens Löbel, und in einer Prozesssache vom April 1699 wird auch ein jüdischer Zahnarzt Veit Abraham erwähnt, während einem gleichzeitigen Barbier, Fischel Moses, ausdrücklich befohlen ward, „dass ihm concedirt sey, seine profession bey der Juden-Synagoge zu treiben", dass ihm aber „alles curiren ernstlich verboten" sei.[78])

Das achtzehnte Jahrhundert beginnt für die jüdischen Aerzte Deutschlands mit einem jener unvernünftigen, gegen sie gerichteten Beschlüsse, welche die Tüchtigkeit und die wissenschaftliche Befähigung durch die Brille eines Glaubensfanatikers zu prüfen versuchen. Im Jahre 1700 verfassten nämlich die hochweisen theologischen Fakultäten der Universitäten Wittenberg und Rostock, beide lutherischen Bekenntnisses, eine Erklärung, dass ein christlicher Kranker keinen jüdischen Arzt berufen könne, weil der grösste Teil derselben unwissend sei, ferner, dass die jüdischen Aerzte Zaubermittel anwendeten, dass sie gehalten seien, von zehn Getauften je einen sterben zu lassen und endlich, dass sie, die Sprossen eines verdammten Volkes, unmöglich Christen, die doch die Gottes Kinder seien, heilen könnten.[79]) Natürlich machten diese verblendeten Eiferer Schule, und namentlich Johann Heinrich Mehl predigte zu Worms gegen die jüdischen Aerzte. Noch 1745 erschien zu Frankfurt ein Buch von Johann Helfrich Pfeil in deutscher Sprache, welches die Untauglichkeit der jüdischen Aerzte zu beweisen sich abmüht und sie unwürdig der Promotion

---

[77]) cfr. Ludwig Geiger, Geschichte der Juden in Berlin, Berlin 1871.
[78]) Geiger, l. c. II. Band pag. 57.
[79]) Valentin, Pandectae medicolegales, Frankfurt 1701, Band I, pag. 4 und 20, citiert von Carmoly.

an einer medicinischen Fakultät erklärt. Auch in dem „allgemeinen und neugeschärfften Medicinaledikt vom 27. September 1725" in Preussen unter König Friedrich Wilhelm I., demselben, der bei seinem Regierungsantritt den Juden als sichtbares Kennzeichen ihrer Confession einen grünen Hut zu tragen anbefohlen hatte, heisst es: „Studenten der Medicin, Prediger, Chemiker, Laboranten. Destillateure, Stöhrer von allerhand Professionen, Juden, Schäfer, alte Weiber und Segenssprecher" dürfen keine ärztliche Praxis treiben[80]). Alle diese Angriffe auf die jüdischen Aerzte sind machtlos abgeprallt. Wir finden im achtzehnten Jahrhunderte ihre Zahl gerade im deutschen Sprachgebiete erheblich angewachsen, und als sich dieses Jahrhundert zu Ende neigte, waren die jüdischen Aerzte im allgemeinen vollberechtigte, ihren christlichen Kollegen gleichgestellte Männer und besonders als Praktiker in allen Kreisen wohlgelitten und hochgeschätzt. Aus ihrer Zahl können wir nur die bedeutendsten und aus ihrer Geschichte nur das Interessanteste anführen; hervorzuheben ist, dass sich jetzt die Zulassung junger Israëliten zu dem Studium der Medicin und zur Promotion an deutschen Universitäten (Duisburg, Halle, Giessen etc.) häuft.

Gehen wir wieder vom Westen aus, so treffen wir in Metz am Beginne des Jahrhunderts Meyer Wallich aus der Frankfurter Aerztefamilie in regster, praktischer Thätigkeit; auch ein Arzt Isaak Wallich wird genannt, und endlich wissen wir aus einer noch vorhandenen Urkunde, dass im Jahre 1701 ein Doktor Aron Schwab zu Metz ein Haus kaufte. Etwas später übte hier die ärztliche Praxis Meyer Samburg mit grossem Erfolge aus. Sein Zeitgenosse ist der polnische Jude, Doktor Jakob, der 1728 zu Metz lebte. In der Mitte des Jahrhunderts treffen wir wieder einen Wallich, Jakob Wallich, als Arzt; er ist wahrscheinlich der jüdische Arzt, welcher an das Krankenbett Königs Louis XV. von Frankreich als Consiliarius berufen wurde, als dieser im August 1744 auf einer Reise in Metz an typhösem Fieber erkrankte. 1746 empfing die Erlaubnis, in Metz zu practiciren, ein jüdischer Arzt, der in Preussen promoviert war: das war Markus Cosmann Gompertz, Doktor der medicinischen Fakultät zu Duisburg. Schon im folgenden Jahre zog in Lothringens Hauptstadt auch ein Hallenser Doktor jüdischen

---

[80]) Citiert nach Baas, Grundriss der Geschichte der Medicin, Stuttgart 1876.

Glaubens ein, Doktor Wolf Enoch Levin. Es ist sehr beachtenswert, dass diese Aerzte in Preussen promoviert wurden und es doch vorzogen, in das Ausland zu gehen (Metz gehörte ja damals noch zu Frankreich); sie genossen eben hier weniger Einschränkungen, und in Metz durften sie damals schon ungehindert bei Christen prakticieren. Ihre Zahl wuchs, und Ausländer drängten sich zur Gemeindearztstelle, obschon sie nur mit 180 Franken Jahresgehalt ausgestattet war; schon 1770 gab es bestimmt drei jüdische Aerzte, der genannte Doktor Gompertz und zwei Brüder Willstadt, und diese wechselten jährlich ab in der Verwaltung des jüdischen Armen- und Spitaldienstes, was als erfreuliche Kollegialität erwähnt zu werden gewiss verdient. 1776 zog von Thann im Elsass Doktor Joël nach Metz. Dann lebten gleichzeitig hier die Aerzte Doktor Elkan Isaak Wolf, der die Promotion in Giessen und in Mannheim erlangt hatte, Doktor Benjamin aus Berlin und in besonders hoher Gunst des Publikums Doktor Feibelmann aus Trier, Doktor medicinae der Hallenser Fakultät. Endlich ist am Ende des Jahrhunderts in Metz als Arzt Jakob Aronsohn thätig, der im November 1790 mit einer Dissertation de phrenitide in Giessen den Doktorhut erworben hatte.

Im Elsass war namentlich Colmar der Sitz jüdischer Aerzte. Dortselbst geboren (1700) war Jehuda Carmoly; Medizin studierte er in Strassburg und empfing auch hier das Doktordiplom. Um 1721 erhielt er die Erlaubnis, in seiner Vaterstadt dem ärztlichen Berufe obzuliegen; 1731 siedelte er nach Rappoltweiler über und blieb hier bis zu seinem Tode 1785 als gesuchter und wohlthätig gesinnter Arzt wohnen. Er hinterliess im Manuskript eine jüdische Chronik von Karl dem Grossen an bis zu Ludwig XVI. Aus Pressburg war nach Colmar Anschel Mayer gekommen und übernahm Carmolys Praxis nach dessen Wegzug, die er mit Erfolg bis zu seinem Tode 1777 versah.

In der Rheinprovinz gab es damals merkwürdiger Weise noch Rabbiner, welche in ihrer Gemeinde den Posten eines Arztes ausfüllten. Solches wird vom Rabbiner Teble Harofe zu Trier und vom Rabbiner Emanuel Wallich zu Coblenz berichtet. Dagegen lebte in Bonn, das schon lange eine jüdische Gemeinde besass, ein wirklicher Arzt, Benjamin Croneberg, der in Bonn Medicin studiert und von der dortigen Fakultät das Doktordiplom erhalten hatte. Er verfasste in deutscher

Sprache ein Werk, betitelt „Kurioser Antiquarius, das ist allerhand auserlesene geographische und historische Merkwürdigkeiten so in dennen europäischen Ländern zu finden" Neuwied 1752. Bis 1765 practicierte in Bonn auch Doktor Wolff, der ebenfalls zu Bonn geboren war, hier studiert und seine Promotion empfangen hatte; im genannten Jahre siedelte er nach Köln über als Arzt des Kurfürsten-Erzbischof Maximilian Friedrich. Dieser hochgebildete Mann ist der Schöpfer einer prächtigen Bibliothek und eines Museums in seinem Palais zu Bonn und auch der Gründer einer Hochschule für Philosophie und Sprache; seinem Leibarzte übertrug er das Lehramt für die hebräische Sprache. Auf Empfehlung des Erzbischofs wurde Doktor Wolff auch einmal 'in den Vatikan zu Rom als Consiliarius berufen. Seine beiden Söhne waren gleichfalls tüchtige Aerzte, Heinrich Wolff in Bonn und Salomon Wolff in Düren in der Nähe von Aachen. Auch in Düsseldorf finden sich jüdische Aerzte. Dortselbst im Jahre 1726 geboren war Gottschalk Lazarus van Geldern, dessen Familie, wie der Name verrät, aus Holland in die Rheinstadt gekommen war. Er studierte in Duisburg, und, mit dem Doktordiplom der dortigen Fakultät geschmückt, begann er in seiner Vaterstadt die medicinische Praxis. Mehr als fünfunddreissig Jahre entfaltete er ein ausserordentlich segensreiches Wirken, bis er 1795 starb. Sein Sohn, Josef Gottschalk van Geldern, 1765 in Düsseldorf geboren, war Student in Heidelberg, Bonn und Mainz und promovierte schliesslich, wie sein Vater, in Duisburg. Er ging nach München und unterwarf sich dort der Prüfung, die der bayrische Staat damals von jedem forderte, ehe er die Erlaubnis zur Ausübung der Heilkunde gab. Das Ergebnis derselben war so vorzüglich, dass Kurfürst Karl Theodor dem jungen Arzte den Titel eines Leibarztes verlieh. Aber schliesslich bestimmte die Liebe zur Heimat Josef Gottschalk van Geldern nach Düsseldorf zurückzukehren; er unterstützte seinen Vater in der grossen Praxis, welche dieser damals noch hatte, und nach seinem Tode übernahm er sie selbst. Aber ein früher Tod liess den hoffnungsvollen Arzt bereits 1796, nur ein halbes Jahr später, als den Vater, seine fruchtbare Thätigkeit beenden. Geborener Düsseldorfer war auch Meier Cohen, der nach vollendetem Studium und erlangtem Doktordiplom zur Ausübung der Praxis nach Hannover verzog. Dort practicierte auch ein anderer jüdischer Arzt aus dem Rheinlande, Jakob

Marx, 1743 zu Bonn geboren. 1765 promovierte er in Halle mit einer Dissertatio de spasmissi motibus convulsivis optimaque ejusdem medendi ratione und unternahm dann eine Studienreise nach Holland und England; hier trat er in freundschaftliche Beziehungen zu einem der hervorragendsten Praktiker jener Zeit, dem durch seine Untersuchungen über Diphtherie und über Trigeminusneuralgie allbekannten John Fothergill zu London (1712—1780). Er siedelte sich darnach, wie gesagt, in Hannover an und war hier bis zu seinem Tode 1789 praktisch und wissenschaftlich thätig. Marx trat lebhaft für die Anwendung der Eicheln als Adstringens und als Diäteticum ein, die zu seiner Zeit in Aufnahme kam; dafür zeugen seine Schriften „Bestätigte Kraft der Eicheln, Hannover 1776", und „Geschichte der Eicheln nebst Erfahrungen über die Diät und den medicinischen Gebrauch derselben, Dessau und Leipzig 1788". Wie aus den Titeln hervorgeht, zählte Marx neben Croneberg zu den ersten jüdischen Aerzten, die in deutscher Sprache schrieben. Auch seine „Anweisung, wie man Blatternpatienten auf eine einfache und wenig kostbare Art behandeln soll, Hannover 1784", seine „Abhandlung von der Schwind-Lungensucht und den Mitteln wider dieselbe, Hannover 1784" und die gegen Herz und andere Bekämpfer einer raschen Leichenbestattung gerichtete polemische Abhandlung „Ueber die Beerdigung der Todten, Hannover 1787" sind in deutscher Sprache verfasst. Lateinisch schrieb Marx ausser seiner Inauguraldissertation „Observata quaedam medica, Berlin 1772" und „Observationum medicarum pars prima, Hannover 1774"; B. Böhm hat diesen ersten Teil 1780 in das Deutsche übertragen, während den zweiten und dritten Teil Marx selbst zu Hannover 1787 deutsch veröffentlichte.

Doch wir müssen noch in Süddeutschland verweilen. In Mainz folgte auf Grotwahl im Amte eines Gemeindearztes Doktor Jakob, der achtzehn Jahre dasselbe verwaltete, bis er 1721 starb. Nun trat Grotwahls Sohn, Doktor Meier Grotwahl, ein und wirkte erfolgreich bis 1741. Schon ein Jahr früher war Lippmann Levi als Arzt nach Mainz gekommen, wurde aber seiner zahlreichen Klientel schon 1747 durch den Tod entrissen. Nach ihm siedelte sich der Sohn des Arztrabbiners von Coblentz, Salomon Wallich, in Mainz an und wirkte bis 1780. Aus Wetzlar zog nach Mainz Phöbus Cohen, Doktor der medicinischen Fakultät zu Duisburg, der nicht nur ein tüchtiger Praktiker war, sondern sich auch viel mit Botanik und mit Chemie beschäftigte; er war bis 1793 thätig.

Auch in Frankfurt am Main gab es jetzt Aerzte, die trotz ihrer jüdischen Confession das Doktordiplom von deutschen Fakultäten erlangt hatten; so Doktor Isachar Bär Liebmann, der 1753 starb; so Doktor Anschel Gutmann Buchsbaum, der 1729 zu Giessen mit Theses medicae de febri miliari promovierte und 1743 starb; so Doktor Gutmann Wolf Buchsbaum, des Letztgenannten Sohn, der zu den beliebtesten und geachtetsten Aerzten Frankfurts bis zu seinem Tode 1770 zählte und ebenfalls in Giessen den Doktorhut mit seinem Tentamen theoreticopracticum hämorrhagiae uteri erlangt hatte. In Göttingen empfing sein Doktordiplom Doktor Anselm Schloss Beifuss, der bis 1793 lebte, und wiederum in Giessen auf Grund seiner Arbeit „de causa immunditiei spermatis humani apud Ebraeos, Giessen 1768" Doktor Wolf Worms, der bis 1812 als Arzt thätig war. Das Ansehen dieser durch ihre Promotion mit den christlichen Kollegen auf gleiche Stufe gestellten jüdischen Aerzte war für hämische Neider Anlass, gegen die Zulassung jüdischer Aerzte von neuem zu agitieren, und sie hatten erreicht, dass 1745 schon der Rat von Frankfurt höchstens drei jüdischen Aerzten die Praxis gestattete. Als nun 1753 Doktor Elkan Mayer, dessen Vater schon Arzt in Frankfurt gewesen war, beim Rate um Zulassung zur Praxis einkam, verhielt er sich ablehnend, obgleich der Bittsteller ebenfalls von einer deutschen Universität promoviert war, obgleich er später, im Jahre 1760, zum Militärmedicus des Kaiserlichen Infanterieregiments General-Feldzeugmeister Graf von Macquard ernannt und von seinem Regimentskommandeur, Angelo de Pasquali, bestens empfohlen worden war, und es kam zu langjährigen Verhandlungen zwischen dem Rate und der jüdischen Gemeinde [81]).

Endlich ist in Süddeutschland noch Adalbert Friedrich Markus zu erwähnen, welcher 1753 zu Arolsen als Jude geboren war und 1816 in Bamberg als Christ starb. In Bamberg wirkte er seit 1778 als Arzt, wurde hier Leibarzt des Fürstbischofs, dann Lehrer und endlich Direktor der „Schule für Leibärzte" und des Spitals, das z. B. im Jahre 1798 480 Kranke verpflegte. Markus, den Häser [82]) einen vorzüglichen Kopf und einen höchst achtbaren Charakter nennt, war einer der bedeutendsten Anhänger und Förderer des Brownianismus. Brown

---

[81]) Vgl. Medicinalakten der Stadt Frankfurt, Folio 93—95, Bd. XXIII citiert von Horovitz, l, c, pag. 39.

[82]) Geschichte der Medicin, II. Band, pag. 763.

(1735—1788) lehrte, dass sich die leblosen Körper von den lebenden durch den Mangel, erregbar zu sein, unterschieden: Sitz der Erregbarkeit sei Nerven- und Muskelsystem, und alle Einflüsse, die im Stande sind, die Erregbarkeit auszulösen, seien Reize, teils äussere, teils innere (Blut, Körpersäfte); das ganze Leben sei aber ein durch Reize erzwungener Zustand, und, da alles auf die Erregbarkeit, die Reize und die Erregung hinausliefe, sei Kenntnis des Baus des menschlichen Körpers und seiner Funktionen von untergeordnetem Wert. Krankheit sei die Folge von Vermehrung oder Verminderung von Reiz und Erregbarkeit; bei Feststellung der Diagnose komme es wesentlich darauf an, zu entscheiden, ob die Krankheit lokal oder allgemein sei, während in der Therapie mehr die Quantität, als die Qualität des Heilmittels den Ausschlag gäbe [83]). Markus veröffentlichte zu diesen Anschauungen des schottischen Arztes „Prüfung des Brown'schen Systems der Heilkunde durch Erfahrungen am Krankenbette, Weimar 1797/99." Ich bemerke, dass dieser bedeutende Mann der Adoptivvater von Karl Friedrich Markus ist, der 1833 der Nachfolger des berühmten Schönlein an der Klinik zu Würzburg wurde und zu seinen Schülern unter anderen bedeutenden Männern Pettenkofer, den Vater der modernen Hygiene, zählte.

In Norddeutschland war der Hauptsitz jüdischer Aerzte im achtzehnten Jahrhunderte Berlin, die Hauptstadt des jungen Königreichs Preussen. In der ersten Hälfte des Jahrhunderts hatte freilich das erwähnte Medicinaledikt von 1725 dafür gesorgt, dass von jüdischen Aerzten in Preussen nichts verlautet. So gab es z. B. im Jahre 1737 unter den Juden Berlins einen Optikus und eine Hebeamme (sie hatte im Theatrum anatomicum ein Jahr lang auf besondere Erlaubnis hin studiert), aber keinen Arzt [84]). Aber dann machen sie sich um so bemerkbarer und lenken teils durch praktische Tüchtigkeit, teils durch den Nachweis einer hervorragenden wissenschaftlichen Befähigung die Augen der Mitwelt und der Nachwelt auf sich. Da ist zunächst der unsterbliche Markus Elieser Bloch, den wir an die Spitze stellen wollen, weil wir eben von Süddeutschland sprachen und Bloch ein Süddeutscher von Geburt war (geboren 1723 als Sohn sehr armer Leute in Ansbach in Bayern). Seine Haupt-

---

83) Vergl. hierüber Bernhard Hirschel, Geschichte des Brown'schen Systems und der Erregungstheorie, Dresden und Leipzig 1846.
84) Geiger, l. c. I. pag. 43 und II. pag. 76.

verdienste liegen freilich auf zoologischem Gebiete, aber sein Beruf war doch der ärztliche. Bloch kam mit neunzehn Jahren nach Hamburg, weder der deutschen, noch der lateinischen Sprache mächtig; nur hebräische Schriften wusste er zu lesen. Ein Wundarzt nahm ihn als Lehrling an und unterrichtete den begabten Jüngling in seiner Kunst und in der deutschen Sprache, während ein böhmischer Student ihn in der lateinischen Sprache unterwies. Später nahmen ihn Verwandte in Berlin zu sich und Bloch warf sich hier mit Begeisterung auf das Studium der Medicin und der Naturwissenschaften. Die Universisät zu Frankfurt an der Oder verlieh ihm das Doktordiplom, und Bloch liess sich als praktischer Arzt in Berlin nieder. Durch die Praxis und durch zweimalige Heirat erwarb er sich Vermögen und legte es zu wissenschaftlichen Forschungen an. Vor allem fesselte ihn jetzt die Ichthyologie. Auf eigene Kosten schuf er sich ein naturwissenschaftliches Museum, das bald eines der mächtigsten Anziehungspunkte der ganzen gelehrten Welt wurde; vor allem bildete seine Sammlung der Wasserbewohner den Mittelpunkt des Staunens. Die Frucht seiner vieljährigen Beobachtungen in seiner eigenen Schöpfung war das Monumentalwerk „Ichthyologie oder Naturgeschichte der Fische Deutschlands, Band I 1785; Band II 1786; Band III 1787; Band IV 1790; Band V 1791; Band VI 1792; Band VII 1793; Band VIII 1793 und Band IX 1795, zusammen mit 324 Abbildungen. Bloch liess zwei deutsche Ausgaben und eine französische aus Begeisterung für die Wissenschaft auf seine eigenen Kosten herstellen und opferte dafür den Rest seines Vermögens; die französische Ausgabe, die Laveaux besorgt hatte, wurde wiederholt aufgelegt. In diesen Prachtbänden ist eine Fülle eigener und neuer Beobachtungen enthalten; auch dem Fange der Fische ist eingehende Berücksichtigung geschenkt. Als Bloch 1797 in Paris weilte, besucht er fleissig die wissenschaftlichen Sitzungen der Société philomatique und der Société d'historie naturelle und wurde von Gelehrten aller Fächer hochgeehrt. Alt und krank begab sich Bloch 1797 nach Karlsbad; er fand aber keine Genesung, sondern endete hier am 6. August sein thatenreiches Leben. In böhmischer Erde zu Lichtenstadt nahe Karlsbad ruht sein Leib auf dem israëlitischen Friedhofe; sein ichthyologisches Werk ist sein monumentum aere perennius! Der fleissige Forscher hat auch medicinische Abhandlungen geschrieben; in Berlin erschienen 1774 von ihm „Medicinische Bemerkungen mit einer Abhandlung über die Quellen von Pyrmont", und 1782 ward ihm für seine „Abhandlung von der Erzeugung der Eingeweidewürmer und die Mitteln wider dieselben" der Preis der königlichen wissenschaftlichen Gesellschaft zu Kopenhagen. In dieser gekrönten Arbeit führte Bloch den Nachweis, dass verschiedenen Thierspecies verschiedene Eingeweidewürmer eigen sind, ja, dass sogar selbst den einzelnen Geschlechtern der verschiedenen Thierspecies verschiedene Enthelminten zukommen, und er unterschied die Tänien zuerst als Täniae armatae und inarmatae, je nachdem sie mit oder ohne Haken an den Saugscheiben versehen sind. Dass er den noch zu seiner Zeit geglaubten Einfluss des Mondes auf den Abgang der Eingeweidewürmer für eine Fabel erklärte, versteht sich bei seinem streng wissenschaftlichen Denken von selbst. Beiträge lieferte Bloch auch für den „Naturhaushaltungs- und Geschichtekalender für Schlesien" (1786) und für die Protokolle der naturwissenschaftlichen Gesellschaft von Berlin und der wissenschaftlichen Gesellschaft für Böhmen.

In Berlin selbst geboren als Sohn des Aeltesten der israëlitischen Gemeinde, war Salomon Gumpertz, der nach vollendetem Studium Frankreich und England bereiste und die Sprachen dieser Länder sich aneignete. Nach Berlin zurückgekehrt, machte er sich als Arzt sehr beliebt und erwarb sich als Gelehrter die Achtung der besten seiner Zeitgenossen. Moses Mendelssohn, der Verfasser des Phädon, der Erwecker deutschen Nationalgefühls unter den deutschen Juden, pries seinen Charakter und seine Gelehrsamkeit in einem 1754 an Lessing gerichteten Briefe. Der vertraute Freund dieses Mannes war Aron Emmerich, der, wie Gumpertz, nicht allein ein tüchtiger, praktischer Arzt war, sondern auch sonst hochgebildet und sehr sprachenkundig war; er hatte die lateinische, griechische, französische und englische Sprache erlernt, ehe er sich dem Studium der Heilkunde widmete, und, als er bereits das Doktordiplom der Medicin empfangen hatte, ergab er sich philosophischen Studien. Emmerich bekleidete das Amt eines Arztes der israëlitischen Gemeinde, welches 1750 geschaffen worden war.

Nicht allein praktisch tüchtig, sondern auch wissenschaftlich bewährte sich der 1741 ebenfalls zu Berlin geborene Leo Elias Hirschel, der anfangs zu Hardewyk, dann in seiner Vaterstadt studiert hatte und in Halle mit einer Dissertatio de morbis melancolicis maniacis 1763 promoviert worden war. Nun begann er zu prakticieren, anfangs in Berlin, dann in Posen und kehrte schliesslich nach Berlin zurück. Obwohl Hirschel nur ein Alter von 31 Jahren erreicht hat, hat er einen reichen Schatz eigener Werke hinterlassen; ausser seiner Dissertation schrieb er „Betrachtungen über den innerlichen Gebrauch des Mercurii sublimati corrosivi und des Schierlings, Berlin 1763; zweite Auflage 1765", und, als seine darin niedergelegten Ansichten von Johann Jakob Plenck[85]) zu Wien bekämpft wurden, verteidigte sich der Autor durch seine „Beyträge zu den Betrachtungen über den innerlichen Wert des Mercurii sublimati corrosivi und des Schierlings, Berlin 1767". In den folgenden Jahren 1768—1771 erschienen in drei Bänden Hirschels „Briefe über Gegenstände aus dem Reiche der Arzeneywissenschaft" und 1769 „Gedanken von der Starrsucht oder Catalepsis, 1770 ein sehr geschätzt gewesenes Buch „Von Vorbauungsmitteln bey den Pocken" und zuerst 1767, dann in französischer Uebersetzung 1769 und wieder deutsch 1770 „Gedanken, die Heilungsart der hinfallenden Sucht betreffend." Und auch im Todesjahre 1772 ruhte Hirschels fleissige Feder nicht; es erschienen „Medicinische Nebenstunden" und zuletzt „Vermischte Beobachtungen und Gedanken zur Arzeneywissenschaft." Wenn ich noch hinzufüge, dass Hirschel auch Beiträge für die „Berlinischen Mannigfaltigkeiten," das „Berlinische Magazin" und die „Berlinischen Sammlungen" geliefert hat, wird man mir in der Bewunderung für dieses kurze und arbeitsreiche Leben gern beistimmen.

Hirschels Zeitgenosse ist der berühmte Markus Herz, zu Berlin 1747 geboren, der sich gleichfalls durch praktische und wissenschaftliche Tüchtigkeit hervorthat. Sein armer Vater, der Lehrer war, sandte ihn als Kaufmannslehrling nach Königsberg; der wissensdurstige Jüngling geriet aber hier ganz unter den Zauber des gewaltigen Philosophen Immanuel Kant, und er begann seine Vorlesungen zu hören und in sein philosophisches System sich zu vertiefen. Er gewann die Freundschaft Kants und zählte zu seinen besten Schülern, so dass ihn Kant bei seiner Professordisputation zum Opponenten wählte.[86]) Daneben studierte er Medicin und Physik. Mit dem Doktordiplom geschmückt, kehrte Herz nach Berlin zurück und liess sich als Arzt nieder; mit Kant blieb er in regem Briefwechsel und vermittelte die Bekanntschaft Mendelssohns mit dem Königsberger Philosophen. Ja, in seinem Hause, das durch seine Gattin, die eben-

---

[85]) J. J. Plenck lebte von 1738—1807, war anfangs Professor in Tyrnau, später in Wien.
[86]) A. Geiger, l. c. Band I. pag. 96.

so schöne, als geistreiche Henriette Herz, der Mittel- und Sammel-punkt der geistigen Elite Berlins wurde, hielt er philosophische Vorlesungen und entwickelte mit seltener Beredsamkeit das System seines grossen Meisters. Später fügte er physikalische Vorlesungen hinzu, die er durch Experimente erläuterte; zu diesen fand sich sogar der preussische Kronprinz, der nachmalige König Friedrich Wilhelm III., in seiner Wohnung ein. Trotzdem fand er noch Zeit zur ausgedehntesten Thätigkeit und wirkte als praktischer Arzt (als solcher auch Arzt Moses Mendelssohns und Leibarzt des Fürsten von Waldeck), und als Arzt des jüdischen Krankenhauses in Berlin eben so unermüdlich, als erfolgreich, so dass er in der That zu den tüchtigsten Praktikern der zweiten Hälfte des vorigen Jahrhunderts allgemein gezählt wird.[87) Markus Herz starb im Januar 1803, hat also nur ein geringes Lebensalter erreicht. Die berühmteste Schrift, die er hinterlassen hat, war benannt „Versuch über den Schwindel" und erschien 1786 zum ersten, 1791 zum zweiten Male in Berlin. Seine sonstigen medicinischen Schriften sind „Briefe an Aerzte" — I. Teil 1777 und 1783, II. Teil 1784 in Berlin erschienen — „Versuche über den Geschmack und die Ursachen seiner Verschiedenheit, Mitau 1776 und Berlin 1790", „Betrachtungen über das Nervenfieber, Heidelberg 1790", und „Briefe an Doktor Dohmeyer über die Blatternimpfung, Berlin 1802." Daran reiht sich die Schrift „Ueber die frühe Beerdigung der Juden, Berlin 1787 und 1788, in der er im Mendelssohnschen Geiste diesen Missstand bekämpfte. Die Früchte seiner philosophischen Bestrebungen sind in „Betrachtung der spekulativen Weltweisheit, Königsberg 1771" niedergelegt, der Inhalt seiner physikalischen Vorlesungen in „Grundlinien zu meinen Vorlesungen über die Experimental-physik, Berlin 1787."

In Berlin geboren war endlich auch Georg Levison, der sich schon als Knabe aussergewöhnlich begabt erwies und als Jüngling mit glühendem Eifer Medicin studierte. Nach vollendetem Studium begann er seine Praxis in London als Arzt des Hospitals des Herzogs von Portland. Von hier berief ihn König Gustav III. von Schweden als Professor der Medicin nach Upsala. 1781 kehrte Levison nach Berlin zurück und zog sich schliesslich 1784 als praktischer Arzt nach Hamburg, woher seine Eltern stammten, zurück, um hier bis zu seinem Tode 1797 in ausgedehntester Weise unter allseitiger Wertschätzung und Verehrung zu wirken. In englischer Sprache und später in

---

87) Vgl. die Lehrbücher von Baas und von Häser (Band II).

selbstgefertigten Uebersetzungen liess Levison drucken „Untersuchung über das Blut" (deutsch 1782 zu Berlin), dem berühmten
Anatomen William Hunter (1718—1783)[88]) zugeeignet, ferner
„Einführung in die medicinische Praxis Londons — (von Theden
übersetzt, Berlin 1782) — und „Beschreibung der Bräuneepidemie",
deutsch Berlin 1783. Deutsch veröffentlichte er „Leidenschaften
und Gewohnheiten der Menschen, und ihr Einfluss auf die Gesundheit, Braunschweig 1797 und 1801", zweitens „Der Mensch
in moralischer und physischer Beziehung, Braunschweig 1797"
(dasselbe, wie das vorhergehende, mit geändertem Titel?): 1785
liess Levison in Lübeck eine deutsche Wochenschrift „Die
Aerzte" erscheinen und 1786 eine „Deutsche Gesundheitszeitung"
zu Hamburg. Zahlreiche andere Schriften beziehen sich nicht
auf die Medicin.

Von Berlin, wo er Medicin studierte, führt uns Abraham
Kisch nach Oesterreich. Seit der Vertreibung der Juden aus
Wien war ihr Schicksal in Oesterreich ein wechselndes gewesen.
Böhmen, das schon seit den Judenverfolgungen in Spanien und
Portugal zahlreiche jüdische Einwohner besass, ohne dass sich
unter ihnen die Wissenschaft zur Blüte entwickelt hätte, ge-
währte ihnen im achtzehnten Jahrhunderte anfangs bessere Ver-
hältnisse. Als aber die Königin Maria Theresia 1740 das Erbe
Habsburgs antrat, änderte sich auch in Böhmen die Lage der
Juden: 1745 bereits untersagte sie ihnen den ferneren Aufent-
halt im Lande. Mit seinen Glaubensgenossen verliess der ge-
nannte Arzt Kisch die Hauptstadt Prag, wo er geboren war.
Wir hörten, dass er in Berlin Medicin studierte: der Student
Kisch wurde hier der Lehrer Mendelssohns in der lateinischen
Sprache.[89]) Zu Halle empfing Kisch auf Grund seiner Arbeit
Theoria et Therapia Phthyseos pulmonalis 1749 das Doktordiplom
der medicinischen Fakultät. Als unter dem Drucke des englischen und holländischen Einflusses Maria Theresia damals das
Verbannungsdekret gegen die böhmischen Israëliten aufhob
kehrte auch Dr. Abraham Kisch nach seiner Heimat zurück
und wurde in Prag Arzt der jüdischen Gemeinde und Leiter
des ihr gehörigen Spitals. In diesen Aemtern wirkte er erfolgreich bis zu seinem frühen Tode 1763. Sein Nachfolger wurde
Jonas Jeitteles, der in Prag als Sohn eines Apothekers geboren war (1735). Durch einen Doktor Radnitzky war er
in das Studium der Heilkunde eingeführt worden und hatte es
dann in Leipzig und Halle mit Eifer fortgesetzt; in Halle ver-

[88]) Bruder des noch berühmteren John Hunter.
[89]) Geiger, l. c. I., pag. 76.

schaffte ihm 1755 seine Dissertatio inauguralis medica sistens theoriam ac therapiam fluxus diabetici das Doktordiplom. So kehrte er in seine Heimat zurück und hatte hier, da die Praxis der jüdischen Aerzte auch damals noch in Böhmen sich nur auf die Juden erstrecken durfte, anfangs mit ärmlichen Verhältnissen zu kämpfen, bis sie sich durch die Nachfolge in den Kisch'schen Aemtern besserten. Jeitteles starb im April 1806 und hinterliess ausser seiner Dissertation ein Werk Observata quaedam medica, Prag, Wien und Leipzig 1783.

Am 19. Juli 1781 erliess der edle Josef II. von Oesterreich sein berühmtes Edikt, durch welches die Juden von dem beschimpfenden Leibzoll befreit und zu Mitgliedern der allgemeinen Gesellschaft gemacht wurden. Da wünschte auch Jeitteles seine Praxis auf christliche Kranke auszudehnen, und er erwirkte, als er auf Widerstand stiess, persönlich in Wien diese Erlaubnis, welche wesentlich dazu beitrug, seinen Ruhm als tüchtigen Praktiker zu befestigen und zu vermehren. Schon aus diesem Umstande erhellt, wie schwierig und langsam sich die Verordnungen des menschenfreundlichen Monarchen zu Gunsten seiner jüdischen Unterthanen in die Praxis umsetzten; ja, in der Folgezeit kam es zuweilen sogar zu Rückschritten. Namentlich in Böhmen und in Mähren blieben die Juden noch lange in besondere Gassen eingeschlossen; in Wien blieb eine Beschränkung in der Zahl der gemeldeten Familien und Häuser bestehen, in Ungarn wurde erst 1844 die sogenannte Toleranztaxe abgeschafft u. s. f. Und in Hinblick auf die jüdischen Aerzte nach jenen Edikten, die sie in österreichische Aerzte verwandelten, genügt es, die eine Thatsache hervorzuheben, dass erst im Jahre 1860 in Hermann Zeissl der erste jüdische Professor in das Kollegium der Wiener medicinischen Fakultät eintrat[90]). Hermann Zeissl, 1817 auf dem Gute Vierzighuben in Mähren geboren, hatte 1839 die Universität zu Wien als Student der Medicin bezogen, war hier promoviert und als Praktikant und Internist im allgemeinen Krankenhause ausgebildet worden. Unter Hebra bildete er sich zum Dermatologen aus, und seinen Vorträgen über Diagnostik syphilitischer und nichtsyphilitischer Hautkrankheiten lauschten Männer, die später zu den Zierden der Wissenschaft zählten, z. B. Lindwurm und Kussmaul. 1850 erschien zuerst Zeissls „Compendium der Pathologie und Therapie der primärsyphilitischen und einfach venerischen Krankheiten", und der Autor habilitierte sich als Privatdozent in Wien; zehn Jahre später

---

[90]) J. Hirschfeld, Gallerie berühmter Kliniker und hervorragender Aerzte unserer Zeit, Wien 1877.

wurde er unter dem Ministerium Schmerling ausserordentlicher Professor und zählte bald zu den grössten Berühmtheiten Wiens, die mit Ehren und Orden geziert wurden. Zeissl gehörte zu den hervorragendsten und energischsten Verfechtern der dualistischen Lehre in der Syphilidologie; sein fast in alle Sprachen übersetztes „Lehrbuch der konstitutionellen Syphilis" ist vielleicht das klassischste Werk dieser Specialdisciplin.

Nächst Oesterreich war es im deutschen Sprachgebiete Preussen, das die Emanzipation der Juden in das Auge fasste. 1787 beseitigte hier Friedrich Wilhelm II. den Leibzoll und liess Reformprojekte zu Gunsten der Juden ausarbeiten; in dem am 4. Januar 1790 eingegangenen Entwurf heisst es unter IV. f.: „Ausserdem werden den Juden gestattet sein alle vernünftigen Künste und Wissenschaften, als Pitschierstechen, Glasschleifen, Chirurgie, exklusive zünftiger Barbierstube, ferner öffentliche Lehrämter in Künsten und Wissenschaften, der Medicin, Philosophie und sonst[91]." Dann wurden wahre Staatsbürger zuerst unter Napoleons I. Einfluss die Juden des Rheinlandes und Westfalens; das Königreich Preussen folgte für alle seine Länder 1812 diesem Beispiel. In Bayern hatten unter Maximilian Josef die Edikte von 1801 und 1813 diese Wandlung zum Bessern angebahnt; aber es kostete noch einen langen und schweren Kampf bis zur völligen Gleichstellung der Konfessionen. In Baden waren 1804 Leibzoll, Passagiergeleit und ähnliches aufgehoben worden; 1808 erhielten die Juden Bürgerrechte, blieben aber vom Staatsdienst und der Ständeversammlung ausgeschlossen. Württemberg hatte 1808 den Leibzoll beseitigt und Künste und Handwerke den Juden freigegeben; 1828 verbesserte es die Lage der Israëliten fast bis zur Gleichstellung mit den anderen Konfessionen. 1822 bestimmte der Grossherzog von Mecklenburg-Schwerin, dass künftig alle bisher in landesherrlichen Schutz genommenen Juden als Inländer zu gelten hätten. Dagegen erlebte die Stadt Meiningen 1819 noch einmal eine Judenaustreibung, und, wer sich über die Lage der wenigen Juden im Königreiche Sachsen bis in das vierte Jahrzehnt des neunzehnten Jahrhunderts zu unterrichten wünscht, der lese die „Vorstellung der israëlitischen Gemeinde zu Dresden an die hohe erste Kammer" vom Frühjahr 1833[92]) und erinnere sich, dass damals noch in Dresden und Leipzig allein die sächsischen Juden leben durften! Das Jahr 1848 endlich gewährte „jedem Deutschen volle Glaubens- und Gewissensfreiheit"

---

[91]) Geiger, l. c. II. Band, pag. 344.
[92]) Gedruckt bei C. H. Meinhold und Söhne, Dresden 1833.

und „verpflichtete niemanden, seine religiöse Ueberzeugung zu offenbaren." „Durch das religiöse Bekenntnis," heisst es weiter, „wird der Genuss der bürgerlichen Rechte weder bedingt noch beschränkt." Getreu unserer Vornahme, hört also für uns die Geschichte der jüdischen Aerzte im deutschen Sprachgebiete unter Rücksicht auf diese Verhältnisse mit dem Beginne des neunzehnten Jahrhunderts auf. Aber wie in Oesterreich das Beispiel Zeissls den weiten Weg von der Verordnung zum Vollzuge zeigte, so möge für Deutschland Valentin den gleichen Nachweis führen.

Gabriel Gustav Valentin[93]) wurde als Sohn einer altangesehenen, gelehrten jüdischen Familie zu Breslau im Juli 1810 geboren, bezog 1828 die Universität seiner Heimatsstadt und promovierte ebenda 1832 mit einer Dissertation, welche die erste mikroskopische Untersuchung auf dem Gebiete der Gewebsentwicklung enthielt. Valentin arbeitete dann gemeinsam mit Purkinje[94]), und die Frucht ihrer gemeinsamen mikroskopischen Untersuchungen war ihre Arbeit „Beobachtungen über Flimmerbewegung". 1835 gab der junge Forscher sein „Handbuch der Entwickelungsgeschichte" heraus, und dann gewann er mit seiner lateinisch geschriebenen „Darstellung der Entwicklung der Pflanzen und der Tiergewebe" den grossen Preis (3000 fr.) der Pariser Akademie der Wissenschaften. 1833 hatte Alexander von Humboldt gelegentlich der deutschen Naturforscherversammlung in Breslau Valentin kennen und schätzen gelernt. Trotz der Fürsprache dieses Heroen unter den Fürsten der Wissenschaft war es dem Juden Valentin unmöglich, auch nur eine Assistentenstelle in Breslau für sich zu erlangen oder die Venia legendi als Privatdocent zu bekommen. Valentin hatte schon seine mikroskopischen und physiologischen Forschungen aufgegeben und sich mit der bescheidenen Stellung eines praktischen Arztes begnügen wollen, als die Universität zu Bern ihm 1836 die Professur für Physiologie antrug. Er antwortete zustimmend, bemerkte aber freimütig, dass er Jude sei. Schultheiss Neuhaus erklärte, das Judentum bilde für die Professur kein Hindernis, und Valentin zog nach Bern, nachdem er noch einmal um eine ausserordentliche Professur in seiner Heimat gebeten hatte, aber vom Minister Altenstein ablehnend beschieden worden war. Er war so der erste Jude, der eine ordentliche Professur auf einem deutsch redendem Gebiete bekleiden

---

[93]) Hirschfeld, l. c.
[94]) Der Böhme Johann Evangelista Purkinje, 1823—1849, Professor der Physiologie in Breslau und Gründer des ersten deutschen physiologischen Instituts, ist bekanntlich besonders durch seine Entdeckungen auf dem Gebiete der physiologischen Optik unsterblich geworden.

durfte, in seiner zweiten Heimat aber, der Schweiz, der er auch treu blieb, als 1845 zum ersten und 1846 zum zweiten Male die Universität Tübingen ihn zu gewinnen suchte, auch der erste Jude, der das Bürgerrecht erhielt (1850). Achtzig Semester hat Gabriel Gustav Valentin zu Bern gelehrt. Seine Geschichte aber klingt in der That, wie sein Biograph sagt, „wie eine dunkle Mähre"! Und sie bweist, dass thatsächlich erst in jüngster Zeit in Deutschland die Konfession aufgehört hat, ein Prüfstein für die wissenschaftliche Befähigung zu sein, dass in unserem Vaterlande fast bis in die Gegenwart die Geschichte der jüdischen Aerzte hineinreicht.

XIV. Jüdische Aerzte in England, Polen und Russland.

Es bleibt noch übrig, einen kurzen Blick auf die übrigen Staaten Europas zu werfen, welche zwar ein geringeres Interesse bei einer geschichtlichen Wanderung zu den jüdischen Aerzten, als es Spanien, Frankreich, Italien u. s. w. erweckt haben, beanspruchen, aber doch noch einige beachtenswerte Momente darbieten.

In England war wohl im ganzen Mittelalter die Zahl der Juden sehr gering, und die wenigen hatten meist eine drückende Lage und eine untergeordnete Stellung. Erst, als Karl I., der 1625 das Reich von seinem charakterschwachen Vater Jakob I. in jungen Jahren ererbt hatte, den Bürgerkrieg durch seine Regierungshandlungen heraufbeschworen hatte und als Opfer desselben unter dem Beile des Henkers verblutet war (1649), und als das Inselreich unter dem talentvollen Oliver Cromwell eine Republik geworden war, erst damals wurde den englischen Juden Kultusfreiheit gewährt, und unter den nun einwandernden Juden, namentlich unter den spanisch-portugiesischen Emigranten, befanden sich die ersten jüdische Aerzte Englands. So war der Spanier Isaak Abendana nach langen Irrfahrten durch die Länder des Festlands nach England gekommen und wurde Arzt und Lehrer der hebräischen Sprache zu Oxford. Hier veröffentlichte er 1695 und 1696 hebräische Kalender und eine lateinische Uebersetzung der Mischnah, deren sechs Bände starkes Manuscript die Bibliothek von Cambridge noch besitzt. In diese Stadt war Abendana in späteren Jahren übergesiedelt und widmete sich hier ganz dem ärztlichen Berufe bis zu seinem Tode; er stand in regem Briefwechsel mit jüdischen und christlichen geistig hochstehenden Zeitgenossen. Noch zu seiner Zeit war der 1654 zu Venedig geborene David Niëto aus Livorno nach London gekommen (1701), von der portugiesisch-jüdischen Gemeinde berufen; während er aber auf italienischem Boden die Medicin neben den Rabbinatsgeschäften ausgeübt hatte, widmete er sich in London wohl ganz der Verwaltung des Rabbinats, und seine hinterlassenen zahlreichen Werke sind alle theologischen Inhalts.

Wissenschaftlich der bedeutendste war unter den jüdischen Aerzten Englands der von portugiesischen Eltern in London selbst etwa 1692 geborne Jakob de Castro Sarmento. Er studierte Medicin auf besonderen Wunsch seiner Eltern und promovierte im Jahre 1717. Dann begann er in London seine Praxis und übte sie bis zu seinem Tode 1762 ohne Unterbrechung oder Ortwechsel in der Hauptstadt aus. Jakob de Castro beteiligte sich an dem wissenschaftlichen Streite für und gegen die Chinarinde, die im Jahre 1640 aus Peru zuerst nach Europa gebracht worden war, durch seine Schrift De uso et obuso das minhas agoas de Inglaterre, London 1755. Später (1758) erschien von ihm ebenfalls in London „Materia medica physico-historica;" es sind zwei Abteilungen, von denen eine die botanische, die andere die zoologische Seite der Materia medica behandelt. Dieser Arzt war, wie mancher anderer, auch ein sehr tief empfindender Dichter; schon 1724 erschien in London eine Romanze von ihm, in welcher er die Rettung seines Volkes aus den Händen Hamans besingt[95]. Castro überlebte Israël Lyons, der auf englischem Boden, zu Cambridge, 1739 geboren und von seinem gelehrten Vater sorgfältigst erzogen war. Nach Beendigung seiner Studien, die sich auf Medicin, Botanik und Mathematik erstreckten, begleitete er im Jahre 1773 erst den Kapitän Philips, dann Lord Mulgrave auf deren Polarfahrten. Es waren wohl die aufreibenden Strapazen jener denkwürdigen Fahrten, welche die Gesundheit des hochgebildeten Naturforschers untergruben: denn schon 1775 starb er. Er hinterliess ein botanisches Werk, das sich Fasciculus plantarum circa Cantabrigium nascentium nennt, und eine Abhandlung über Differenzialrechnung.

Dass sich Levison von Berlin nach London als Hospitalarzt begab, wissen wir schon. Aus Deutschland kam ausserdem Doktor Elias Friedberg nach der englischen Hauptstadt und aus Böhmen, als Maria Theresia von dort die Juden auswies, Doktor Jeremias, zwei tüchtige Praktiker, die als Armenärzte der deutsch-israëlitischen Gemeinde fest besoldet waren.

In Polen hatte schon Casimir der Grosse (1333—1370), der Stifter der Universität Krakau, die Juden ausserordentlich be-

[95] R. Finkenstein, Dichter und Aerzte, Breslau 1864, pag. 21.

günstigt. Doch scheint sich Wissenschaft und höhere geistige Bildung nur sehr langsam entwickelt zu haben. Die Blüte jüdischer Gelehrsamkeit in Polen fällt erst in das sechszehnte Jahrhundert; doch war es wesentlich das Studium des Talmuds, welches damals die polnischen Juden auf jene hohe Bildungsstufe erhob. Immerhin gab es zu jener Zeit dort einige verdienstvolle jüdische Aerzte, und der päpstliche Nuntius Commendoni, der in der zweiten Hälfte des sechszehnten Jahrhunderts Polen durchreiste, berichtete ausdrücklich, dass sich die dortigen Juden vielfach mit der Heilkunde befassten. Schon 1503 erfreute sich in Krakau der Arzt Ezechiel eines grossen Zulaufs und hohen Ansehens. Etwa gleichzeitig war Arzt des Erzbischofs Isaak, dem König Alexander aus Hochschätzung die Steuer an den Kronschatz erliess; später wurde Isaak Arzt Königs Sigismund I., der 1506 zur Herrschaft kam. Als Isaak 1510 starb, erfreute sich noch die hinterlassene Familie des Leibarzts der besonderen Gunst des dankbaren Fürsten. Arztrabbiner war sodann in Krakau Moses Fischel: seine Mutter und seine Frau genossen den Vorzug des Verkehrs mit der Gemahlin Sigismunds, einer italienischen Fürstin, und ihn selbt befreite der König von allen Abgaben. Im Dienste Sigismunds II. stand Salomon Aschkenasi und wurde vom ganzen polnischen Adel so hoch verehrt, dass er auf denselben bei der Königswahl nach Sigismunds II. Tode im Jahre 1573 einen ausserordentlichen Einfluss ausübte. Das ist um so merkwürdiger, als damals Aschkenasi nicht mehr in Polen weilte, sondern in der Türkei. Hier war er nicht nur Arzt des Sultans Selims II. und seiner Würdenträger, sondern bewährte sich auch als geschickter Diplomat, der als Gesandter der Hohen Pforte 1576 die Friedensverhandlungen mit Venedig führte und am 6. Juli dieses Jahres den Friedensschluss zustande brachte. Auch Aschkenasis Frau scheint in der Heilkunde unterrichtet gewesen zu sein: man berichtet, sie sei nach dem Tode ihres Gatten an das Krankenlager Mehemeds II. gerufen worden, und von ihren Kräutern sei der Grossherr von den Pocken genesen.

Dass dann später Nachkommen des Wiener Arztes Herz Günzburg nach Polen kamen, erwähnte ich bereits. Doch gab es zu ihrer Zeit noch andere jüdische Aerzte in Polen. Aus Palästina war in das Königreich Elieser Cohen (Elieser Vielschim) in jüngeren Jahren gekommen; er liess sich zu Cremnitz als Arzt nieder. Dieser Arzt ist der Grossvater des berühmten Tobias Cohen, den wir als letzten bedeutenden Arzt unter den türkischen Juden kennen lernten. In Lublin lebten die Aerzte Salomon Loria und Samuel, Mathatias

Sohn. Die Vermehrung der jüdischen Aerzte erregte auch hier, wie in den anderen Ländern, den Neid der ungebildeten Berufsgenossen nichtjüdischen Glaubens; an der Spitze dieser Kämpen gegen die jüdischen Aerzte standen Szleszkowski, welcher eine zwei Auflagen (1623 und 1649) erlebende Brochüre gegen sie schrieb, und Schultz, der 1680 in einer Abhandlung den Nachweis zu führen bemüht war, dass es geradezu gefährlich sei, einem jüdischen Arzte einen Patienten anzuvertrauen. Wie überall, verhallten diese verleumderischen Stimmen, und es gab nach wie vor in Polen gesuchte und gelehrte jüdische Aerzte, die selbst im Königsschlosse Eingang fanden. So hatte der unsterbliche Johann Sobieski, der tapfere Befreier Wiens aus der schwersten Türkennot, einen jüdischen Leibarzt, Doktor Jonas Casal, einen Italiener von Geburt, den er liebte und mit Auszeichnungen beehrte.

Später machte sich Sektengeist unter den polnischen Juden geltend. Schon im siebenzehnten Jahrhunderte verbreiteten sich die Karaïten auch in Polen, und einzelne Aerzte zählten zu ihren Anhängern. Aber im achtzehnten Jahrhunderte überwucherten Kabalisten und Mystiker die wissenschaftlich und frei Denkenden, und Aberglauben und Afterweisheit liessen die geistige Blüte der polnischen Juden rasch verwelken. Die wirksamsten Heilmittel suchten sie in Amuletten und in supernaturalistischem · Verkehr, so dass die Zahl der würdigen Jünger Aeskulaps eine kleine wurde. Einer der fähigsten war Elias Pinschow, der zu Pinschow in Polen geboren war, als Arzt wirkte und starb; unendlichen Ruhm erwarben ihm seine mathematischen Studien, deren Früchte eine arithmetische Abhandlung — Malechat Machschebat — und eine geometrische — Berure Middoth — waren, erschienen bei Isaak Speier, Berlin 1765. Etwas später lebte Isachar Behr Falkensohn; er war 1746 geboren und hatte in Deutschland Medicin studiert. Als Arzt wirkte er zu Hasenpoth in Kurland, nachdem er zu Halle 1772 mit einer Dissertation „Animadversiones quaedam ad illustrandam phrenitidis causam" promoviert worden war. Dieser Arzt ist auch Verfasser der zu Mitau 1777 erschienenen „Gedichte eines polnischen Juden". Hasenpoth hatte zu seiner Zeit einen zweiten jüdischen Arzt in dem Doktor Josef Lachmann. Hatte Falkensohn deutsche Bildung genossen, so erfreute sich italienischer Schule Jehuda Halevy Hurwicz, der Sohn des Rabbiners von Wilna, der sich in seiner Vaterstadt niederliess. Auch er war poëtisch hochbegabt und unternahm 1765 eine Reise durch Deutschland und Holland, um seine poëtischen

Werke in Druck zu geben; sie erschienen in hebräischen Ausgaben teils in Königsberg, teils in Amsterdam. Als Hurwicz starb, übernahm Doktor Jakob Lobschütz seine ausgedehnte Praxis. Zu dessen Lebzeiten gab es auch, wie ich hier nachholen will, in zwei Städten, die jetzt deutsch sind, damals polnisch waren, jüdische Aerzte, nämlich in Breslau Doktor Zadok und in Lissa Doktor Mordechai Rofe.

Nur sehr wenig ist von Russland zu sagen. Iwan Wasiljewitsch, der am Ende des fünfzehnten Jahrhunderts zu Moskau als Grossfürst residierte, versuchte das rohe Volk, das er zu leiten berufen war, auf eine höhere Bildungsstufe emporzuheben. Zu diesem Zwecke berief er aus dem Westen Colonisten in sein Land, und mit diesen siedelten sich wohl zuerst Juden in Moskau an. Aus Venedig kam Meister Levin in das russische Land und wurde Leibarzt am Hofe des Grossfürsten; sein Missgeschick wollte, dass des Grossfürsten Sohn tötlich erkrankte und nicht mehr genass. Der Arzt zahlte den Tod des jungen Fürsten mit dem eigenen Leben. Aehnliche Gewaltthaten mögen wohl die übrigen Kolonisten bald veranlasst haben, dies ungastliche, asiatische Land zu verlassen. Im sechzehnten Jahrhunderte versuchte Czar Iwan abermals sein Reich zu kultivieren. Er hatte als Leibarzt einen spanischen Juden, Salomon Calvaire; doch auch dieser Arzt musste den Despotismus seines Herrn fühlen, so dass er ihn verliess und in Polen sich ansässig machte. Später soll noch einmal ein Doktor Salomon aus Italien auf seinen Kreuz- und Querzügen, die ihn nach Frankreich, Deutschland und Polen geführt hatten, auch nach Russland gekommen sein und dort einige Zeit als Arzt thätig gewesen sein. Nun, wir alle wissen, wie unendlich noch heute Fesseln und Ketten die Juden Russlands bedrücken und an freier Geistesentfaltung hindern, wie tief wohl als Folge dieser Knechtschaft die Bildung der russischen Juden zumeist gesunken ist, und wir alle wissen, wie schwer und wie spät Wissenschaft überhaupt in Russland ein Asyl und eine Heimat gefunden haben. Die Geschichte der Medicin insbesondere ist hier Jahrhunderte lang ein unbeschriebenes Blatt geblieben; „noch im achtzehnten Jahrhunderte waren die meisten in Russland ansässigen Aerzte unwissende Abenteurer"[96]. Also wird es aus diesem doppelten Grunde eine fruchtlose Aufgabe sein, nach jüdischen Aerzten in Russland weiter zu forschen.

---

[96]) Häser, Geschichte der Medicin. II. Band, pag. 338.

Namens-Verzeichnis der jüdischen Aerzte*).

*) Die Namen sind im allgemeinen unter dem Stammnamen, nicht unter dem Vornamen zu suchen, z. B. Abraham Kisch unter K.

Inhalts-Verzeichnis.